Die Welt des Buches im Internet
Bibliotheken, Kataloge, Anbieter

ECON-Computer-Taschenbuch

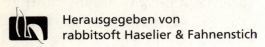

Herausgegeben von
rabbitsoft Haselier & Fahnenstich

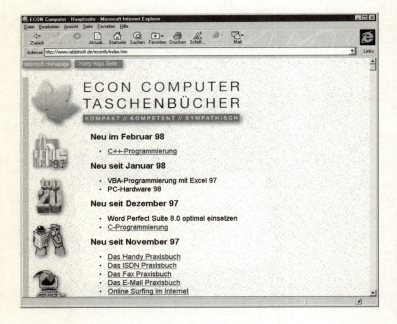

Wenn Sie Fragen oder Anregungen zu diesem Buch haben oder positive und negative Kritik anbringen wollen, können Sie uns über diese E-Mail-Adresse erreichen: **econtb@rabbitsoft.de**

Informationen zu anderen ECON-Computer-Taschenbüchern finden Sie im Internet unter: **http://www.rabbitsoft.de**

Dirk Jasper

Die Welt des Buches im Internet

Bibliotheken, Kataloge, Anbieter

ECON Taschenbuch Verlag

Jasper, Dirk:
Die Welt des Buches im Internet – Bibliotheken, Kataloge, Anbieter/Dirk Jasper.
[Hrsg.: rabbitsoft Rainer G. Haselier und Klaus Fahnenstich].
Düsseldorf und München: ECON Verlag, 1998
(ECON; 28177: ECON-Computer-Taschenbuch)

ISBN 3-612-28177-1
Veröffentlicht im ECON Taschenbuch Verlag

Originalausgabe
© 1998 by ECON Verlag GmbH, Düsseldorf und München
Der ECON Taschenbuch Verlag ist ein Unternehmen der ECON & List Verlagsgesellschaft.

Herausgeber: rabbitsoft Rainer G. Haselier und Klaus Fahnenstich, Aachen
Umschlaggestaltung: Init GmbH, Bielefeld
Layout und Satz: Markus Heimann, Aachen
Druck und Bindearbeiten: Ebner, Ulm

Text, Abbildungen und Programme wurden mit größter Sorgfalt erarbeitet. Verlag, Herausgeber und Autoren können jedoch für eventuell verbliebene fehlerhafte Angaben und deren Folgen weder eine juristische Verantwortung noch irgendeine Haftung übernehmen.
Die vorliegende Publikation ist urheberrechtlich geschützt. Alle Rechte vorbehalten. Kein Teil des Buches darf ohne schriftliche Genehmigung der Herausgeber in irgendeiner Form durch Fotokopie, Mikrofilm oder andere Verfahren reproduziert oder in eine für Maschinen, insbesondere Datenverarbeitungsanlagen, verwendbare Sprache übertragen werden. Auch die Rechte der Wiedergabe durch Vortrag, Funk und Fernsehen sind vorbehalten.
Die in diesem Buch erwähnten Software- und Hardwarebezeichnungen sind in den meisten Fällen auch eingetragene Warenzeichen und unterliegen als solche den gesetzlichen Bestimmungen.

ISBN 3-612-28177-1

Inhaltsverzeichnis

Vorwort   **9**

1 Bücher im Internet   **11**

1.1 Was muß ich über das Internet wissen?   12
   1.1.1 Die einfache Revolution   12
   1.1.2 ARPA – der Internet-Start   13
   1.1.3 E-Mail – die erste Standardanwendung   14
   1.1.4 TCP/IP wird Standard   15
   1.1.5 Der Start der ersten PCs   16
   1.1.6 Jetzt gibt es das Internet   16
   1.1.7 Der Wachstum des Internets in den 90er Jahren   17
   1.1.8 Vom Daten-Feldweg zum Daten-Highway   19
   1.1.9 Die Werbung freut sich   21
1.2 Erfolgreiche Suche im Internet   21
   1.2.1 Suchen mit Fireball   22
   1.2.2 Suchen mit Web.de   24
   1.2.3 Suchen mit AltaVista   25
   1.2.4 Suchen mit DejaNews   27

2 VLB – Verzeichnis lieferbarer Bücher   **31**

2.1 Die Leitseite   32
2.2 Bücher suchen   34
2.3 Bücher bestellen   36
2.4 Auswahl der Buchhandlung   37

Inhaltsverzeichnis

3 Telebuch — 41

- 3.1 Zugang zum Sicherheitsbereich — 43
- 3.2 Lieferbedingungen — 45
- 3.3 Service — 48
- 3.4 Aktuelles — 49
- 3.5 Impressum — 51
- 3.6 Bestellung — 51
  - 3.6.1 Direkt bestellen — 52
  - 3.6.2 Kundenkonto — 53
  - 3.6.3 Online-Datenbank — 55

4 Amazon — 63

- 4.1 Suchen in Amazon — 65
  - 4.1.1 Suche nach einem Autor oder Titel — 65
  - 4.1.2 Quick Search — 66
  - 4.1.3 Die Suche mit ISBN-Nummern — 68
  - 4.1.4 Suche nach Veröffentlichungsdatum — 69
  - 4.1.5 Power Search — 69
  - 4.1.6 Kinder- und Jugendbücher — 70
- 4.2 Finden Sie Ihr Thema! — 71
- 4.3 Bestseller — 72
- 4.4 Vorschlagslisten — 74
- 4.5 Bücher kann man auch verschenken! — 75
- 4.6 Bücher für junge Leser — 76
- 4.7 Besprochen ist besprochen — 76
- 4.8 Preisgekrönte Bücher — 78
- 4.9 Der Einkaufswagen — 79

5 Literatur in Newsgroups — 83

- 5.1 Newsgroups im Internet — 84
- 5.2 Suchen von Newsgroups — 85
- 5.3 Lesen von Newsgroups — 88
- 5.4 Deutsche Newsgroups — 97
- 5.5 Die Stichwortsuche in DejaNews — 101

6 Bibliotheken im Internet — 105

6.1 Deutsche Bibliothek — 106
   6.1.1 Suche in der Deutschen Bibliothek — 108
   6.1.2 Links der Deutschen Bibliothek — 114
   6.1.3 Weitergehende Suche — 114
6.2 The Library of Congress — 116

7 Literaturadressen — 121

7.1 Literaturadressen über Web.de — 122
   7.1.1 Bildstellen — 123
   7.1.2 Info — 124
   7.1.3 Patentinformationen — 125
   7.1.4 Stadtbibliotheken — 126
   7.1.5 Hochschulbibliotheken — 127
   7.1.6 Landesbibliotheken — 129
   7.1.7 Sonstige — 130
   7.1.8 Verzeichnisse — 131
7.2 Ansprechende Seiten — 133
7.3 Weitere interessante Adressen — 139

Index — 141

Vorwort

Liebe Leser, liebe User,

diese Anrede soll den scheinbaren Widerspruch zwischen Buch-Lesern und Internet-Nutzern deutlich machen. Dabei sind sich die Fachleute inzwischen einig: In Wahrheit fördert nichts so sehr das Lesen – und damit auch die Lesekultur – wie das Internet!

Allen Unkenrufen der Fachleute vom »Ende der Buchkultur« zum Trotz: Erst das Internet läßt die Weltbibliothek allmählich Wirklichkeit werden. Jeder kann in den Beständen großer Bibliotheken rund um den Globus nach beinahe jedem verfügbaren Buch suchen. Kataloge und Bibliographien führen zu fast allen lieferbaren Titeln.

Entgegen der Vermutung, daß »das Buch stirbt«, hat die Menschheit noch nie so viel gelesen wie in der Zeit des Internets, und noch nie hatte sie die Möglichkeit, jeden denkbaren Text zur Verfügung gestellt zu bekommen. Und noch nie wurden diese Möglichkeiten so intensiv genutzt. Das Internet ermöglicht es uns, Texte sofort und online zu lesen, wenn wir den Wunsch dazu haben.

Aber nicht nur das, wir haben zum erstenmal auch die Gelegenheit, diese Texte auf unsere Rechner herunterzuladen und dann auszudrucken, durchzulesen und aufzubewahren – oder weiterhin am PC auf dem Bildschirm zu lesen.

Zugegeben, es wird auch viel Müll im Internet veröffentlicht. Aber sind Sie sicher, daß Sie jedes Buch, das Ihr Buchhändler führt, gleichermaßen gern lesen würden? Auch hier gibt es ja die unterschiedlichsten Geschmacksrichtungen und Trends!

Vorwort

Puristen werden auch noch einwenden, daß das Gefühl für ein »handfestes« Buch verlorengeht. Nun denn, wer unbedingt ein echtes Buch in der Hand halten möchte, kann dies auch durch den Erwerb eines Buches tun, das er bei seinem Buchhändler online bestellt hat ...

Auf diese Weise kommt auch der Buchhandel zu seinem Recht: Buchhandlungen und Versender ermöglichen die schnelle, kostengünstige und unkomplizierte Direktbestellung. Vom Buchkauf über den im Netz frei zugänglichen Klassiker-Text bis hin zur aktuellen Cyber-Lyrik – es gibt (fast) nichts, was nicht im Netz der Netze auf seine Leser wartet.

Wo sonst hat denn ein Autor die Möglichkeit, seine Lyrik oder Prosa unkompliziert zu veröffentlichen? Die heutigen Verleger und Lektoren müssen an »Sharholder value« denken, nicht an die liebevolle Pflege eines Autors und seiner Werke. Bis ein Buch dann den Weg in die Buchhandlung gefunden hat, vergehen oft Monate – bei so manchem aktuellen Sachbuch ist dies oft fatal. Im Internet bedarf es aber nur eines Mausklicks zur Veröffentlichung!

Dieses Buch soll ein erster Wegweiser für die »Leseratten«, »Bücherwürmer« und für die »Internetter« werden. Es erläutert die faszinierenden Recherchemöglichkeiten im digitalen Universum des Wissens: Schüler, Studenten und Wissenschaftler, Buchhändler und Bibliothekare, Antiquare, Sammler und begeisterte Leser – für sie alle soll dieses Buch eine Fundgrube an Recherchemöglichkeiten werden.

Ihr *Dirk Jasper*

Hunsrück, im Frühjahr 1998

1 Bücher im Internet

1.1	Was muß ich über das Internet wissen? 12
1.2	Erfolgreiche Suche im Internet 21

Kapitel 1: Bücher im Internet

1.1 Was muß ich über das Internet wissen?

Das internationale, digitale Land hat inzwischen viele Namen: Telekosmos, Internet, Wired World oder gar Cyberspace, wie William Gibson es in einem Buch genannt hat. Und doch ist dieses Land weniger intensiv erforscht als die Erde selbst.

Wie entstand nun das Internet, das »Netz der Netze«, und welche Technik steckt dahinter?

In den 60er Jahren erhielt die Rand Corporation, eine der großen US-Denkfabriken des Kalten Krieges, von der Regierung den Auftrag, die Kommunikation auch im Falle eines damals als durchaus wahrscheinlich erscheinenden Atomkrieges sicherzustellen.

Die US-Regierung erwartete von der Rand Corporation für die Zeit nach einem Atomkrieg ein Befehls- und Kontrollnetzwerk, das die Regierung mit den Militärbasen, aber auch mit den einzelnen Städten verbindet.

Das Hauptproblem von Rand war, daß sowohl die vorhandenen Kabel als auch die bisher verwendeten zentralen Netzknoten einem Atomschlag keinesfalls standgehalten hätten. Die Kommunikation wäre auf jeden Fall zusammengebrochen. Bereits die Zerstörung eines einzelnen Knotens hätte die Regierungskommunikation vollständig lahmgelegt.

Die US-Regierung hatte aber noch mehr Bedenken: Eine zentrale Befehls- oder Kontrollstelle eines solchen Kommunikationsnetzes würde sicherlich das erste Ziel eines atomaren Angriffs des Feindes werden. Solche zentralen Behörden würden damit sofort ausgeschaltet – die Kommunikation wäre somit verhindert.

1.1.1 Die einfache Revolution

Der Forschungsauftrag für die Rand Corporation führte zu einer an sich recht einfachen Lösung, die dann 1964 veröffentlicht wurde. Das Grundprinzip war in der Zeit der damals populären zentralen IBM-Großrechner eine Sensation, heute ist es eine Selbstverständlichkeit: Das von Rand geplante Kommunikationsnetz erhielt keine

1.1 Was muß ich über das Internet wissen?

zentrale Leitung mehr. Es wurde so angelegt, daß die einzelnen Teile des Netzes unabhängig voneinander kommunizieren konnten. Alle Netzknoten bekamen dabei den gleichen Status, hatten ihre eigene Autorität, um Nachrichten zu senden, weiterzuleiten oder zu empfangen. Die Nachrichten selber wurden in einzelne Datenpakete gepackt, und jedes Paket erhielt dann eine unverwechselbare Adresse und ging seinen eigenen Weg durch das Kommunikationsnetz.

Die Routen, die die Datenpakete auf ihrer Reise durch das Netz nahmen, waren jetzt uninteressant, denn nur das Ergebnis ihrer Ankunft zählte. Dabei wurden die Pakete von einem Knoten zu einem anderen weitergereicht, bis sie am Ziel angekommen waren. Auch wenn große Teile des Netzes ausfielen, machte das gar nichts, denn die Pakete gingen ihren Weg einfach über die noch verbliebenen Knoten weiter.

Diese Art der Informationsvermittlung erscheint auf den ersten Blick recht unwirtschaftlich, ist aber gleichzeitig auch erheblich weniger störanfällig. Tatsächlich soll es bis heute nur ein einziges Mal zu einem kollektiven Crash gekommen sein.

Schon bald erfuhren einige US-Universitäten von diesem Konzept des sicheren, paketübertragenden Netzes und bemühten sich um die Umsetzung. Führend waren dabei das legendäre MIT (**M**assachussetts **I**nstitute **O**f **T**echnology) und die bekannte UCLA (**U**niversity **O**f **C**alifornia **L**os **A**ngeles). Bereits 1968 testete auch das National Physical Laboratory in Großbritannien das neue Netzwerkkonzept.

1.1.2 ARPA – der Internet-Start

Kurze Zeit später wurde vom US-Verteidigungsministerium ein großes, ambitioniertes Projekt initiiert. ARPA (**A**dvanced **R**esearch **P**rojects **A**gency) ist der Name einer Abteilung des US-Verteidigungsministeriums (Department Of Defense), die das erste Netzwerk dann tatsächlich 1969 entwickelte und betreute. Die Knoten dieses Netzes wurden von den Hochgeschwindigkeits-Supercomputern der 60er Jahre gebildet. Das waren damals seltene und teure Computer, die im Netz gut zu gebrauchen waren, heutigen Maßstäben eines schnellen Rechners allerdings nicht mehr entsprechen.

Kapitel 1: Bücher im Internet

Im Herbst des Jahres 1969 wurde dann der erste Knoten bei der UCLA installiert. Schon im Dezember 1969 bildeten vier Knoten ein kleines Netz, das vom Pentagon den Namen ARPANET erhielt und damit heute als die »Mutter des Internets« gilt.

Diese vier Computer transportierten die Daten auf einigen Telefonleitungen. Ein Knotenrechner konnte von einem anderen über Remote-Control (Fernsteuerung, Fernkontrolle) gesteuert werden. Dank des ARPANET konnten nun Forscher, Techniker und andere Personen die Möglichkeiten dieser Computer auch aus größerer Distanz nutzen. Das war sehr nützlich, denn Computerzeit war in den frühen 70er Jahren noch sehr kostbar und teuer.

Das US-Verteidigungsministerium begrenzte den Zugriff auf ARPANET zunächst auf militärische Einrichtungen und Personen, die mit militärischer Forschung befaßt waren. Diese Beschränkung wurde jedoch bald aufgehoben. 1971 waren schon 15 Knoten im ARPANET, 1972 erhöhte sich die Zahl bereits auf 37 Knoten.

1973 entwickelten pfiffige Informatik-Studenten Brücken zu den Forschungsnetzen anderer Länder. Sie entwickelten einen rechnerübergreifenden Standard (das spätere TCP/IP), der den globalen Austausch von Daten festschrieb. Dies war die Geburtsstunde des Internets, denn nun konnten sich Computer auf der ganzen Welt miteinander verständigen.

1.1.3 E-Mail – die erste Standardanwendung

Bereits im selben Jahr machte man eine überraschende Entdeckung. Statt der erwarteten Hauptnutzung dieses Netzes durch Remote-Computing wurde es insbesondere für das Übertragen von Nachrichten und persönlichen Mitteilungen benutzt, also zur schriftlichen Kommunikation untereinander; E-Mail sagen wir heute dazu. Die ARPANET-Anwender nutzten das Netz somit als elektronischen Briefträger. Den universitären Forschern bot sich die bis dahin einmalige Gelegenheit, das wachsende Kommunikationsnetz für die Zusammenarbeit bei Projekten, zum Austausch von Nachrichten oder zum Erfahrungsaustausch über ihre Arbeit anzuwenden.

1.1 Was muß ich über das Internet wissen?

Jeder einzelne Benutzer des Kommunikationsnetzes erhielt seine eigene Benutzernummer und somit seine eigene E-Mail-Adresse. Allein deshalb wurde die Möglichkeit der Kommunikation von Person zu Person gerne genutzt. Also wurde das Netz tatsächlich so genutzt, wie es anfänglich vorgesehen war: zur problemlosen elektronischen Kommunikation – und so begann sich auch die Ausrichtung vom militärischen zum universitären Bereich zu wandeln.

Während der 70er Jahre wuchs das ARPANET dann weiter. Seine dezentralisierte Struktur erleichterte die Expansion. Anders als die herstellerabhängigen Netzwerke (z.B. IBM) konnte das ARPANET die unterschiedlichen Computersysteme »verstehen«. Solange die verschiedenen Computer die paketübertragenden Protokolle als eine Art gemeinsame Sprache benutzten, waren ihre Markennamen und ihre Betriebssysteme nebensächlich.

1.1.4 TCP/IP wird Standard

Der ARPANET-Kommunikationsstandard war unter dem Namen NCP (**N**etwork **C**ontrol **P**rotocol) bekannt, wurde aber schon bald wegen der fortschreitenden Technik durch den aktuelleren Standard TCP/IP ersetzt. Hierbei wird nicht, wie bei einem Telefongespräch, eine feste Verbindung zwischen Sender und Empfänger hergestellt, sondern TCP (**T**ransmission **C**ontrol **P**rotocol) wandelt (ebenso wie vorher NCP) die Daten in einen Strom von Datenpaketen um, die am Zielcomputer wieder zusammengesetzt werden. Dabei wird die zu versendende Datei in Päckchen zu 1.500 Zeichen gepackt, mit Absender- und Empfängeradresse versehen und auf die digitale Reise geschickt.

Die Rechner am jeweils erreichten Knotenpunkt des Netzes lesen die Adresse und leiten das Paket in Richtung Empfänger weiter. Ist eine Verbindung gestört, wählen sie automatisch eine andere. Der Zielcomputer setzt die Teile nach der Numerierung zusammen. Fehlen Päckchen, gibt er eine Meldung an den Absender, der sie dann erneut auf den Weg schickt. Das IP (**I**nternet **P**rotocol) leitet also die Pakete anhand ihrer Adressen über die vielen Knoten und Netzwerke mit ihren unterschiedlichen Standards zum Ziel.

1.1.5 Der Start der ersten PCs

Im Jahre 1977 stellten die Firmen Apple und Commodore die ersten Personal Computer (PC) vor, klein genug für einen Schreibtisch und für damalige Verhältnisse so billig, daß sich selbst Privatleute einen solchen Rechner kaufen konnten. Die eigentliche Netzrevolution begann aber erst, als die ersten Nutzer entdeckten, daß man diese Apparate auch mit dem Telefonnetz verbinden konnte.

Anfang der 80er Jahre spaltete sich der militärische Bereich des Kommunikationsnetzes, das MILNET (**Mi**litary **N**etwork), als eigenständiges Netzwerk vom ARPANET ab. Die Verbindungen zwischen MILNET und ARPANET blieben jedoch bestehen und erlaubten den Beteiligten die Fortsetzung der Kommunikation zwischen den beiden Netzen. Diese Art der Verbindung wurde DARPA Internet (Defense Net + ARPANET = DARPA) genannt.

Andere dezentralisierte, öffentliche Netzwerke, wie UUCP, ein weltweites Unix-Netzwerk, und USENET (User's Network), sowie viele Universitätsnetze und einige unternehmensweite Netze schlossen sich Anfang der 80er Jahre dem DARPA Internet an. Auch das Computer + Science Network (CISNET) und das BITNET (Because It's Time Network) boten ihre Dienste vor allem den Forschern und Behörden an und stießen zum DARPA Internet hinzu. Alle diese Netzwerke wurden kein Bestandteil des INTERNETs, sondern es wurden nur spezielle Verbindungen geschaffen, die den ungehinderten Informations- und Datenaustausch zwischen den einzelnen Netzen gewährleisteten.

1.1.6 Jetzt gibt es das Internet

Schon bald verkürzte man die Bezeichnung DARPA Internet auf ein schlichtes und eingängigeres INTERNET. 1984 wurde die damals sensationelle Schallgrenze von 1.000 miteinander vernetzten Host-Rechnern überschritten. 1986 wurde dann das NSFNET (National Science Foundation Network) gegründet. Diese Vereinigung verband die Netze innerhalb der gesamten USA durch fünf leistungsfähige Rechenzentren. Das ARPANET ging dabei in das NSFNET über, das

1.1 Was muß ich über das Internet wissen?

sich zum Schrittmacher des Fortschritts entwickelte. Weitere US-Behörden und staatliche Einrichtungen wie die NASA und das National Institute Of Health wurden Mitglied dieser Gemeinschaft und schlossen ihre Rechner an das sich entwickelnde Internet an.

Das erfolgreiche ARPANET endete formal im Jahre 1989, aber sein Einfluß ist immer noch zu spüren: Die heutigen Internet-Benutzer verwenden die Funktionen des ARPANET und entwickeln sie auch weiter. Der Gebrauch des TCP/IP-Protokolls von ARPANET ist heute globaler Standard. 1971 gab es vier ARPANET-Knoten, heute sind es bereits über 10.000 im gesamten Internet. Schon 1989 wurde übrigens die Schallgrenze von 10.000 Internet-Hosts weit überschritten.

1990 wurde dann die erste Verbindung zwischen dem Internet und einem kommerziellen Online-Dienst geschaltet. Es war die E-Mail-Verbindung zwischen dem Internet und MCI Mail. Schon bald folgten die anderen heute weltweit operierenden Dienste, wie CompuServe, Progidy und America Online.

1.1.7 Der Wachstum des Internets in den 90er Jahren

Das Wachstum des Internets seit den frühen 90er Jahren ist beispiellos. Die Anschlüsse verbreiten sich schneller als das Telefon oder das Faxgerät. Allein 1994 wuchs das Internet um 10 % pro Monat. Die Zahl der Hosts, die durch das TCP/IP-Protokoll verbunden waren, verdoppelte sich zwischen 1988 und 1994. 1992 wurde das WWW (World Wide Web) von dem Schweizer Forschungsinstitut CERN vorgestellt. Allein in diesem Jahr 1992 stieg die Anzahl der Hostrechner von 750.000 auf die vor Jahren unfaßbare Zahl von über 1,4 Millionen. Das Internet hat längst seine Wurzeln im universitären und militärischen Bereich verlassen und sich zum Beispiel auch den Schulen, Bibliotheken und kommerziellen Sektoren, aber erst recht dem Anwender zu Hause zugewendet.

Über 30 Millionen Menschen nutzen Ende 1994 auf 2,2 Millionen Rechnern in 137 Ländern auf allen Kontinenten die Möglichkeiten dieses gigantischen Netzwerkes (Zahlen von Dataquest 5/95). (»Der

Kapitel 1: Bücher im Internet

Spiegel«, Heft 11/96, spricht sogar schon von 9 Millionen Rechnern.) Aktuelle Schätzungen liegen zwischen 100 und 300 Millionen Nutzern – aber es sind eben nur Schätzungen, denn eine virtuelle »Volkszählung« gibt es (noch) nicht.

Besonderer Beliebtheit erfreut sich das Internet bei Forschern und Studenten an den Universitäten und Forschungseinrichtungen, denn diese beiden Gruppen erhalten einen Zugang auf Kosten der Universität. Der vielseitige und einfache Zugriff auf die ungeheure Datenmenge und die persönliche Kommunikation beschleunigen natürlich den wissenschaftlichen Fortschritt. Andererseits gibt es bereits die ersten Aktivitäten für das Hochgeschwindigkeitsnetz »Internet 2«, das (mal wieder zuerst) ausschließlich den Universitäten und Forschungseinrichtungen vorbehalten bleiben soll. Vielen dieser Institutionen erscheint das bisherige Internet nicht mehr praktikabel.

Heutzutage steht für jeden, der daran Interesse hat, die unfaßbare Menge von mehreren Millionen Dateien zur Verfügung. Benutzer mit speziellen Zugangsberechtigungen zu externen und unternehmensweiten Datenbanken können über noch einmal so viele Dateien verfügen.

Auf diese Weise ist weltweit eine ganz neue Art des Publizierens entstanden, bei der ein Benutzer z.B. »nur« die elektronische Kopie eines Textes oder eines Bildes erhält. Programme wie Archie, Gopher, WAIS und andere wurden entwickelt, um dieses gewaltige Archiv zu erkunden. Ebenso gibt es jetzt zahlreiche hochintelligente »Suchmaschinen«, die den fast unendlichen Datenbestand recherchierbar machen.

Das kopflose, anarchische Gebilde Internet wächst weiter, über jeden einzelnen Computer kann sich ein potentieller Nutzer diesem Netz anschließen. So ist aus dem ARPA-Netzwerk, das für den postnuklearen Holocaust konstruiert worden war, ein weltweites Kommunikationsnetz entstanden, das sich zu dem berühmten »globalen Dorf« entwickelt hat – selbst in der Volksrepublik China ist man inzwischen ans Internet angeschlossen.

In den USA propagiert die Regierung zusammen mit der EFF (Electronic Frontier Foundation) die Einrichtung eines Information-Superhighways. Man möchte damit erreichen, daß jeder Benutzer von zu Hause aus auf sämtliche öffentlichen Informationen in den USA und auf der gesamten Welt zugreifen kann.

1.1.8 Vom Daten-Feldweg zum Daten-Highway

Damit verspricht auch die Zukunft ein gigantisches Wachstum. Bereits heute arbeiten verschiedene Regierungsstellen an einem neuen Entwurf für ein Hochgeschwindigkeitsnetz, um den Medienkonzernen die Zugangsbasis zu Milliarden Haushalten zu schaffen, denn noch reicht das Netz nicht aus, um z.B. Animationen und Filme in akzeptabler Zeit zu übertragen.

Diese Daten-Highways werden die Informationen bis zu fünfzigmal schneller als jedes heute bekannte Netz übertragen. In diesem globalen elektronischen Multimedia-Dorf können gleichzeitig sowohl animierte 3-D-Grafik, Sprache und Fax als auch komplette Enzyklopädien in Sekundenschnelle übertragen werden ...

Ebenso hat die Industrie inzwischen die Bedeutung der weltweiten Vernetzung zu relativ niedrigen Kosten erkannt. Zu diesem Zweck werden in vielen Unternehmen und Verbänden die notwendigen strukturellen und technischen Voraussetzungen geschaffen. In den USA erhalten beispielsweise Schulen bereits einen ISDN-Anschluß, die US-Kabelgesellschaften offerieren ihren Kunden neben den Anschlüssen für das Fernsehen auch gleich einen Netzwerkanschluß.

In vielen Chefetagen stehen auch heute noch die Computer nur als besonders teure Dekorationsstücke herum, und die Besitzer haben keine Ahnung, wie man diese Dinger bedient. Währenddessen erkunden die Auszubildenden selbst noch in ihrer Freizeit das Netz, wodurch sie sich für ihre Zukunft einen kleinen Vorteil erarbeiten.

Im Frühjahr 1998 nutzen in Deutschland nach aktuellen Untersuchungen wahrscheinlich rund 8 Millionen Menschen das Internet, davon rund 2,5 Millionen auch kommerzielle Online-Dienste wie T-Online, germany.net, AOL, CompuServe und MSN.

Kapitel 1: Bücher im Internet

Wie wird die Zukunft aussehen? Nicht nur Unternehmer wie Bill Gates behaupten, daß der Cyberspace seine Zukunft noch vor sich habe. Glasfaser und Satelliten erfordern gigantische Beträge an Investitionen. In den kommenden Jahren könnte sich das Internet als Megamedium etablieren: Radio, Fernsehen, Zeitungen, Magazine werden wohl bald per Netz ihr Publikum erreichen.

Noch ist der berühmte Daten-Highway eher ein Feldweg als eine Autobahn – die Geschwindigkeitsrevolution der Deutschen Telekom hat längst noch nicht die ganze Republik erreicht. Und bis es so weit ist, empfehlen gemäßigte Anhänger des Internets, das wirkliche Leben zu genießen. Benjamin Heidersberger, Chef des »Ponton European Media Art Lab«, sagt laut »Der Spiegel«: »Wer braucht das Internet, wenn die Sonne scheint, der Cappuccino auf dem Tisch steht und die Freundin neben einem sitzt?«

So beginnt das Hamburger Magazin »Der Spiegel« (Heft 11/96) seine Titelgeschichte über »Die Welt online – Das Netz«: »Unaufhaltsam breitet sich das Internet aus: Mehr als 30 Millionen Menschen weltweit haben Zugang zum globalen Datennetz, und täglich werden es mehr. Die Wirtschaft hofft auf riesige Profite, die Politik ist überfordert. Noch taugt das Netz vor allem als Projektionsfläche für Ängste, Wünsche und Visionen.« Und daran hat sich zwei Jahre später immer noch nichts geändert ...

Eines ist sicher: Die »Mutter aller Netze« wird in den nächsten Jahren nahezu jeden Aspekt menschlichen Lebens verändern. Ob Politik, Wirtschaft, Kultur, Gesellschaft oder Wissenschaft – die Parole wird bald heißen: »Nur wer vernetzt ist, existiert« (Spiegel 11/96). Edmund Hug, der deutsche IBM-Chef, sagte dazu: »Wer noch keine elektronische Postanschrift hat, kann seine Visitenkarte nur noch als Schmierzettel benutzen.«

Dazu muß man allerdings sagen, daß erfahrungsgemäß die derzeitigen Chefs zwar meist eine E-Mail-Adresse auf ihre Visitenkarte drucken lassen – die Post muß aber die Sekretärin oder der Auszubildende einmal im Monat »abholen«!

1.1.9 Die Werbung freut sich

Was sich ganz stark entwickelt, merkt jeder Internet-Nutzer auf Anhieb: Die werbungtreibende Wirtschaft hat das Internet entdeckt! Auf vielen Seiten findet man mehr oder weniger große Werbebanner, die zum Klicken verführen sollen. Einer der ganz großen Vermarkter ist 1&1 in Montabaur, die wieder einmal die Zeichen der Zeit verstanden haben. Die Marketingagentur, die lange Zeit die Deutsche Telekom mit ihrem BTXplus vermarktet hat, war eine der ersten auf dem Werbemarkt.

Die Entscheidung, ob Werbung auf die Seiten soll oder nicht, ist keine Frage mehr. Das Internet bleibt kostenlos, muß aber finanziert werden. Allein die Entwicklung und spätere Betreuung von Suchmaschinen kostet hohe Summen, die nur über die Werbung hereinkommen können. Die deutsche Suchmaschine »fireball.de« ist das beste Beispiel dafür.

Erfreulich für die Internet-Recherche ist dabei, daß damit der Zugriff auf viele Informationen möglich wird, die vorher nur gegen Bezahlung hinter Firewalls versteckt waren. Man kann sich vorstellen, daß Auswüchse nicht ausbleiben werden, aber eine Marktbereinigung findet bereits jetzt im Internet statt.

Angebote, die keinen Vermarkter oder Werbepartner finden, werden sich früher oder später aus dem kommerziell werdenden Internet verabschieden oder ganz klein als private Homepage weiterleben.

1.2 Erfolgreiche Suche im Internet

Das gigantische Wissen im Internet steht weltweit jedem zur Verfügung – man muß es nur suchen und finden. Im Rahmen dieses Buches können wir nur kurz auf die Möglichkeiten der Suchmaschinen und Internet-Kataloge hinweisen. Im Econ-Verlag ist unter dem Titel »Erfolgreich suchen im Internet« (ISBN 3-612-28176-3) ein umfassendes Werk nur zur Online-Recherche erschienen und im Buchhandel erhältlich.

Kapitel 1: Bücher im Internet

Wenn Sie Informationen im Internet suchen, gibt es inzwischen viele Suchmaschinen, die Ihnen bei der Recherche helfen. Beispielhaft stellen wir hier die deutschsprachige Suchmaschine »Fireball« sowie den Internet-Katalog »Web.de« für das World Wide Web vor. Außerdem geben wir einen kleinen Einblick in »DejaNews«, eine Suchmaschine, die speziell auf die Newsgroups zugeschnitten ist. Im internationalen Bereich gilt »AltaVista« als schnellste und umfangreichste Suchmaschine.

Generell stellen wir hier die »einfache Suche« vor, bei der ein oder mehrere Worte in Kleinschreibung eingegeben werden. Sie können natürlich auch Phrasen eingeben, indem Sie vor und hinter der Eingabe ein Anführungszeichen (") setzen. Dies gilt für alle folgenden Beispiele.

1.2.1 Suchen mit Fireball

Adresse: `http://www.fireball.de`

»Fireball« (siehe Bild 1.1) hat sich auf deutschsprachige Internet-Seiten spezialisiert. Geben Sie beispielsweise das Suchwort `filmbuch` ein, dann erhalten Sie schon einen kurzen Moment später eine Vielzahl von Meldungen (siehe auch Bild 1.2), die Ihnen so aufgelistet werden, daß die für Sie wahrscheinlich interessantesten Seiten ganz am Anfang stehen.

Mit einem Klick auf einen der Links kommen Sie direkt auf die entsprechende Internet-Seite.

Auf diese Weise, nur durch die Eingabe eines einzigen Stichwortes, erhalten Sie eine Vielzahl von zutreffenden Seiten. Erhalten Sie zu viele Treffer, können Sie die Suche weiter einschränken, z.B. durch die Eingabe von mehreren Worten oder durch die Benutzung der erweiterten Suche.

1.2 Erfolgreiche Suche im Internet

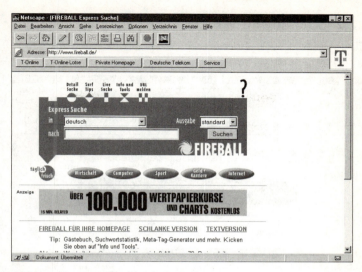

Bild 1.1: Die Homepage von »Fireball«

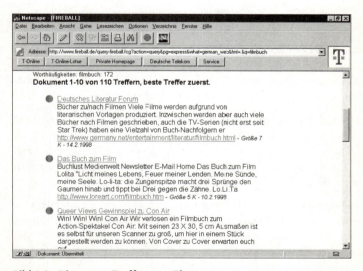

Bild 1.2: Die ersten Treffer zum Thema

Kapitel 1: Bücher im Internet

1.2.2 Suchen mit Web.de

Adresse: http://www.web.de

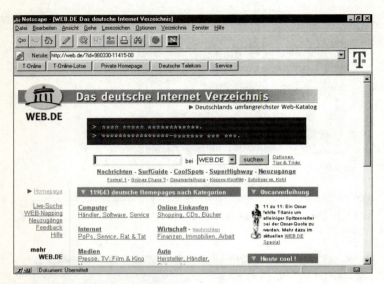

Bild 1.3: Die Homepage von »Web.de«

Ein Internet-Katalog wie »Web.de« arbeitet anders als die Suchmaschinen, die sich selbständig durch das Netz arbeiten.

Bei einem Katalog müssen die Seiten von den Homepagebetreibern angemeldet werden. Die Redaktion eines Internet-Kataloges prüft, ob die Qualität dem entspricht, was man anbieten möchte, und wenn dies zutrifft, dann wird die Homepage in die entsprechenden Kategorien eingebunden.

Bei »Web.de« kann man beispielsweise den sichtbaren Link zum Online-Shopping von Büchern anklicken. Wenn man weiter nach unten scrollt, dann kommt auch der gesonderte Bereich BIBLIOTHEKEN der Kategorie WISSENSCHAFT zum Vorschein. Dies führt dann sofort zu einer entsprechenden Übersicht.

1.2 Erfolgreiche Suche im Internet

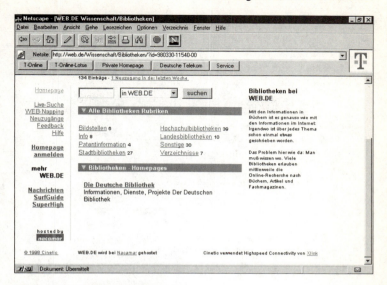

Bild 1.4: Bibliotheken bei Web.de

Unter diesen Links verbergen sich eine Vielzahl von weiteren Links zu den einzelnen Homepages der vielen Bibliotheken in Deutschland, die bereits online angeschlossen sind.

Der Vorteil der Internet-Kataloge liegt eindeutig darin, daß hier bereits Zusammenstellungen von einer Redaktion vorgenommen und geprüft wurden, so daß man mit größter Wahrscheinlichkeit nicht auf einen toten Link treffen wird.

Der Nachteil der Internet-Kataloge ist, daß eine Seite, die hier nicht angemeldet wurde, auch nicht zu finden ist.

1.2.3 Suchen mit AltaVista

Adresse: http://www.altavista.digital.com

Kapitel 1: Bücher im Internet

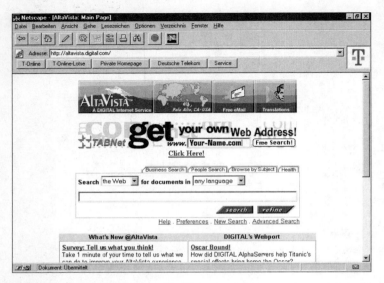

Bild 1.5: Die Homepage von »AltaVista«

»AltaVista« ist die legendäre Suchmaschine von Digital Equipment, mit der das Unternehmen die Leistungsfähigkeit seiner Computer und seiner Datenbanksysteme beweisen wollte – und zwar erfolgreich, wie man mittlerweile feststellen kann.

Denken Sie daran, daß Sie US-Suchmaschinen nicht mit deutschen, sondern möglichst mit englischen Begriffen »füttern« sollten, wenn Sie erfolgreich sein wollen.

In unserem Beispiel suchen wir die Begriffe book und library. Das Ergebnis ist verblüffend: Es wurden über 37 Millionen Dokumente gefunden, in denen entweder der eine oder der andere Begriff oder gar beide Begriffe vorhanden sind.

1.2 Erfolgreiche Suche im Internet

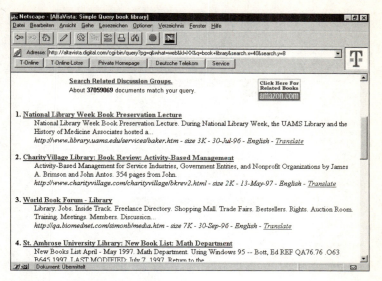

Bild 1.6: Das Ergebnis der Recherche

Klicken Sie hier nun einen der gefundenen Links an, gelangen Sie sofort zur gewünschten Homepage.

Bei einem solchen Suchergebnis kann man zwar davon ausgehen, daß die wahrscheinlich besten Links am Anfang der umfangreichen Liste stehen, es wäre aber empfehlenswert, die Suche durch die Eingabe weiterer Begriffe oder durch die Suche von Phrasen in der erweiterten Suche einzuschränken.

1.2.4 Suchen mit DejaNews

Adresse: http://www.dejanews.com

DejaNews ist eine Suchmaschine, die speziell auf die Suche in Newsgroups zugeschnitten ist.

Kapitel 1: Bücher im Internet

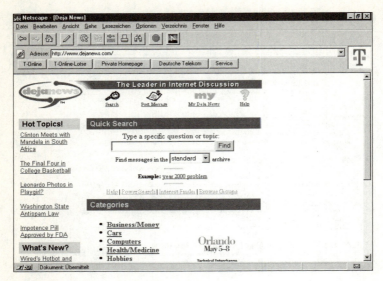

Bild 1.7: Die Homepage von »DejaNews«

Newsgroups sind Diskussionsforen, die jedermann zugänglich sind und in denen jeder mitdiskutieren kann, solange er die Spielregeln der entsprechenden Newsgroup einhält.

Für eine weitergehende Beschäftigung mit den Newsgroups sollten Sie sich mit dem aktuellen ECON-Buch »Internet Newsgroups – Suchen, Anzapfen, Nutzen, Diskutieren« (ISBN 3-612-28169-3) intensiv beschäftigen.

In den weltweit über 16.000 Newsgroups wird meist in Englisch diskutiert, so daß Sie hier auch die entsprechende Sprache bei der Recherche benutzen sollten.

1.2 Erfolgreiche Suche im Internet

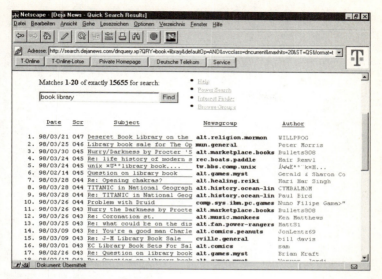

Bild 1.8: 15.655 Nachrichten

Sie erhalten bei DejaNews in unserem Musterbeispiel eine Aufstellung der Nachrichten, die in den Newsgroups gepostet wurden, in denen die Wörter book oder library oder gar beide (wie üblich an der Spitze der Aufstellung) vorkommen.

Als Ergebnis der Suche sehen Sie die Überschrift des Diskussionsbeitrages, den Namen der Newsgroup, in der das Thema diskutiert wurde, sowie den Namen des Autors der Nachricht.

2 VLB — Verzeichnis lieferbarer Bücher

2.1	**Die Leitseite**	32
2.2	**Bücher suchen**	34
2.3	**Bücher bestellen**	36
2.4	**Auswahl der Buchhandlung**	37

Kapitel 2: VLB – Verzeichnis lieferbarer Bücher

Eine Legende lebt! Das VLB – Verzeichnis lieferbarer Bücher – (herausgegeben vom »Börsenverein des Deutschen Buchhandels«, der Standesorganisation der Verleger und Buchhändler) ist seit Generationen das Standardwerk Ihres Buchhändlers. In diesen Werken findet er jedes Buch und jeden Autor, aber oft dauert es äußerst lange, bis er in der inzwischen mehrbändigen Buchausgabe fündig geworden ist. Zudem ist dieses Buch bereits beim Erscheinen schon wieder veraltet.

Einen ersten Schritt zur schnelleren Aktualisierung hat man schon vor wenigen Jahren durch die Publikation des VLB auf CD-ROM praktiziert. Statt viele tausend Seiten zu drucken, zu binden und dann auszuliefern, brauchte man jetzt nur noch eine silberne Scheibe zu pressen und zu verschicken.

Jetzt gibt es dieses Standardwerk online – und damit für jeden sichtbar im Internet! Am Beispiel des VLB auf den Seiten des »Börsenvereins des Deutschen Buchhandels« sehen Sie die umfangreichen, gut durchdachten Möglichkeiten eines Internet-Buchkataloges, die wir Ihnen demonstrieren wollen. Auf dieselbe einfache Art und Weise können Sie auch auf viele andere Kataloge zugreifen!

2.1 Die Leitseite

Auf der Leitseite von http://www.buchhandel.de können Sie auf die diversen Kataloge zugreifen. Sie erhalten dann die in Bild 2.1 dargestellte Übersicht. Dort können Sie neben dem VLB noch andere Internet-Kataloge auswählen, die ebenfalls vom Börsenverein betreut werden. Über die Schaltfläche DATENBANKEN haben Sie die Möglichkeit, noch mehr Verzeichnisse zu finden.

Wenn Sie nun auf der Leitseite des Buchhandels auf VLB, VERZEICHNIS LIEFERBARER BÜCHER klicken, gelangen Sie zur Hauptseite des VLB (siehe Bild 2.2).

2.1 Die Leitseite

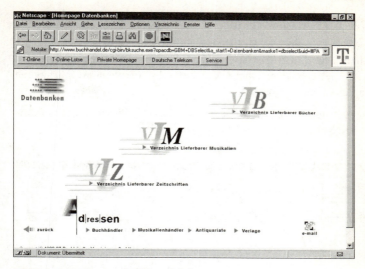

Bild 2.1: http://www.buchhandel.de

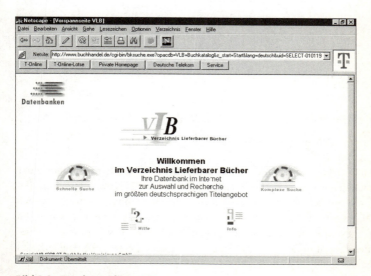

Bild 2.2: Das legendäre VLB

Kapitel 2: VLB – Verzeichnis lieferbarer Bücher

2.2 Bücher suchen

Auf der Leitseite des VLB haben Sie nun die Möglichkeit, mit der Schaltfläche SCHNELLE SUCHE nach bestimmten Stichworten zu suchen. Dies geht zwar recht schnell, erlaubt aber keine Möglichkeiten der Selektion.

Die KOMPLEXE SUCHE bietet eine weitaus detailliertere und komfortablere Möglichkeit zur selektiven Recherche.

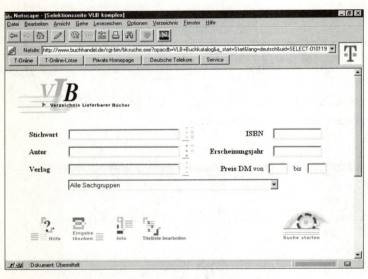

Bild 2.3: Die Suchmaske für die KOMPLEXE SUCHE

Am Beispiel dieser Suchmaske sehen Sie, daß die Möglichkeiten der Suche weiter eingegrenzt werden können. Sie können nach einem bestimmten Stichwort suchen lassen, einen beliebigen Autor eingeben (Namensbestandteile reichen bereits aus), bei einem bestimmten Verlag suchen, die ISBN eingeben, nach dem Erscheinungsjahr recherchieren oder mit PREIS DM VON ... BIS ... festlegen, wieviel Geld Sie auszugeben wünschen.

2.2 Bücher suchen

Ihnen wird sogar ermöglicht, die Themenkreise einzuschränken, indem Sie vorgegebene Sachgruppen auswählen. Es reicht dabei z.B. schon aus, den Autor einzugeben und auf die Schaltfläche SUCHE STARTEN zu klicken, um brauchbare Ergebnisse erhalten.

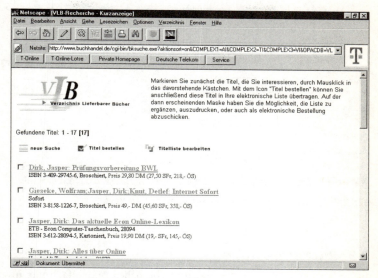

Bild 2.4: Die gefundenen Bücher

Um nun weitere Informationen zu den gefundenen Titeln zu erhalten, können Sie mit einem Klick zu den einzelnen Büchern verzweigen, wie im folgenden Bild dargestellt wird.

Nun können Sie den gefundenen Titel schon in den Korb legen, ohne sich jetzt auf einen Buchhändler Ihres Vertrauens festzulegen. Dies können Sie später noch entscheiden.

Mit Hilfe der Schaltfläche NEUE SUCHE können nun auch weitere Bücher suchen und bestellen.

Kapitel 2: VLB – Verzeichnis lieferbarer Bücher

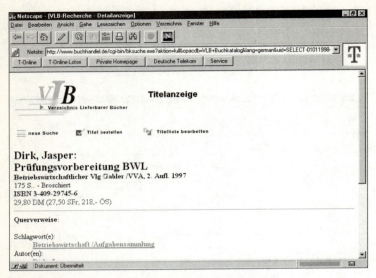

Bild 2.5: Weitere Informationen zum gewählten Buch

2.3 Bücher bestellen

Wenn Sie ein Buch bestellen möchten, brauchen Sie einfach nur in das kleine Kästchen zu klicken, das vor jedem Buchtitel steht (siehe Bild 2.4). Ein Häkchen markiert nun den Titel. Anschließend klicken Sie auf die Schaltfläche TITEL BESTELLEN, damit das Buch in Ihren Einkaufskorb gelegt wird. Dadurch gelangen Sie zur Seite TITEL-VORMERKUNG (siehe Bild 2.6), in der Sie noch die Stückzahl ändern, eine neue Suche beginnen oder auch im elektronischen Buchjournal schmökern können.

Über einen Klick auf BESTELLADRESSE können Sie aber auch die Bestellung (ganz oder vorläufig) abschließen. Die Titel im Einkaufskorb werden zu dem ausgewählten Buchhändler geschickt, der die Bestellung dann ausführt.

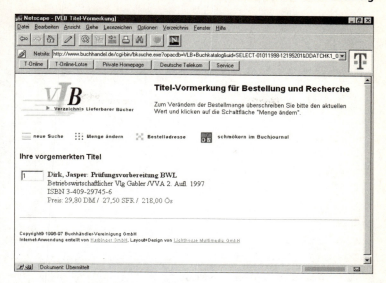

Bild 2.6: Bestellung im Einkaufskorb

2.4 Auswahl der Buchhandlung

Da kein bestimmter Buchhändler bevorzugt werden soll, haben Sie die Qual der Wahl. Die richtige Auswahl der Buchhandlung ist aber sehr bequem und einfach. Es stehen Ihnen genügend Auswahlkriterien zur Verfügung, nach denen Sie sich einen Buchhändler aussuchen können (siehe Bild 2.7).

Natürlich können Sie auch direkt Ihren Stammbuchhändler eingeben, falls er sich an der elektronischen Bestellabwicklung des Börsenvereins beteiligt. Bei der elektronischen Bestellabwicklung werden alle Buchhändler eingebunden, die in der Lage sind, Bestellungen elektronisch entgegenzunehmen.

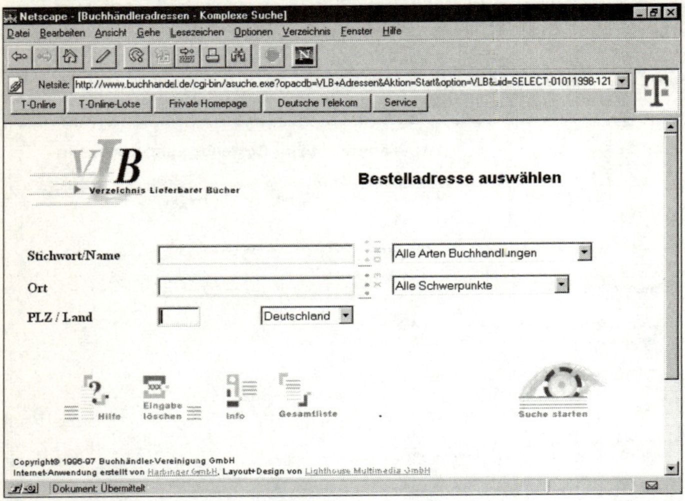

Kapitel 2: VLB – Verzeichnis lieferbarer Bücher

Bild 2.7: Auswählen der Bestelladresse

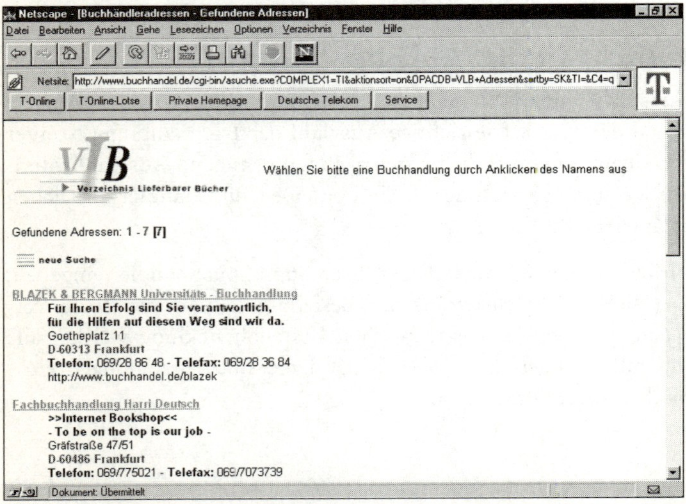

Bild 2.8: Buchhändler in Frankfurt

2.4 Auswahl der Buchhandlung

In dem Beispiel aus Bild 2.8 wurde Frankfurt als Ort angegeben. Alle Buchhändler der gewählten Stadt werden jetzt aufgelistet – soviel Gerechtigkeit muß sein. Klicken Sie nun auf einen Buchhändler, dann wird dieser Ihnen vorgestellt. Sie erhalten alle möglichen Informationen über ihn, einschließlich der jeweiligen Zahlungsmodalitäten. Bei unserem Beispielbuchhändler wird sogar eine Homepage genannt: http://www.buchhandel.de/blazek.

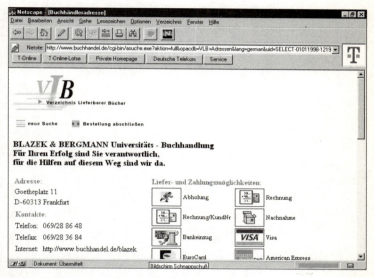

Bild 2.9: Informationen über den Buchhändler

3 Telebuch

3.1	Zugang zum Sicherheitsbereich	43
3.2	Lieferbedingungen	45
3.3	Service	48
3.4	Aktuelles	49
3.5	Impressum	51
3.6	Bestellung	51

Kapitel 3: Telebuch

Buchhandlungen gehören zu den größten und kommerziell erfolgreichsten Unternehmen im Internet. Im speziellen sind dies Amazon in den USA und Telebuch in Deutschland! Wer sagt denn da, daß Internet-Nutzer nicht lesen würden?

Für den deutschen Internet-Nutzer ist es sicherlich interessant zu wissen, wie die (nach eigenen Angaben) größte deutschsprachige Online-Buchhandlung funktioniert und auf welche Art und Weise man dort recherchieren und bestellen kann. Die im folgenden beschriebene Vorgehensweise gilt auch für die meisten anderen Online-Buchhandlungen.

Bild 3.1: Die Homepage von Telebuch

Auf den Web-Seiten von Telebuch (http://www.telebuch.de) finden Sie über 1 Million Buchtitel zum Recherchieren und Bestellen. Die Bezahlung erfolgt (innerhalb des sicheren SSL-Systems) bequem per Bankeinzug oder Kreditkarte. Deutsche Titel erhalten Sie zum

Original-Ladenpreis, und unabhängig vom Bestellwert zahlen Sie bei Telebuch keinerlei Versandkosten (solange es sich um deutsche Titel und Lieferung innerhalb Deutschlands handelt).

Auf der Leitseite wird Ihnen direkt angeboten, die Web-Seiten in verschiedenen Versionen aufzurufen (siehe Bild 3.1), nämlich einmal in der Standardauflösung 800 x 600 mit Frames, also der heute üblichen Version, zum zweiten in der reinen Textversion ohne Frames und zum dritten in der Version mit dem Sicherheitsstandard SSL, der es möglich macht, Zahlungen so sicher wie möglich über das Internet abzuwickeln.

3.1 Zugang zum Sicherheitsbereich

Gehen Sie von der Leitseite nun einen Schritt weiter, erhalten Sie als erstes einen Hinweis, der Sie daran erinnert, daß Sie jetzt einen sicheren Bereich betreten.

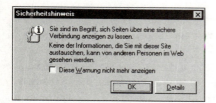

Bild 3.2: Ein Sicherheitshinweis von Telebuch

Mit Hilfe der Schaltfläche DETAILS können Sie sich noch weitere Informationen zum Thema Sicherheit anzeigen lassen (siehe auch Bild 3.3).

Kapitel 3: Telebuch

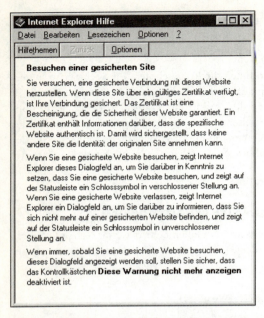

Bild 3.3: Detailliertere Sicherheitserläuterungen

Falls Sie von der Leitseite ausgehend direkt die SSL-Version gewählt haben, können Sie später ohne schlechtes Gewissen Ihre Kreditkartenangaben oder Ihre Bankverbindungen eingeben. Ihre Daten sind dann genauso sicher wie eine Scheckkarte oder eine normale Kreditkarte – denn auch da gibt es Risiken, die man meist verdrängt.

Haben Sie diese Sicherheitshinweise gelesen, können Sie beruhigt auf die Schaltfläche OK klicken. Daraufhin erscheint nun die Leitseite der SSL-Version.

3.2 Lieferbedingungen

Bild 3.4: Die Leitseite der SSL-Version

Auf der Leitseite der SSL-Version können Sie wählen, ob Sie direkt bestellen möchten, erst die Bedingungen lesen wollen, unter denen Sie bestellen können, sich über den Service informieren oder erst einmal die aktuellen Buchempfehlungen ansehen. Wer möchte, kann sich natürlich auch das Impressum ansehen.

3.2 Lieferbedingungen

Ein wichtiges Thema, das oft vernachlässigt wird, sind die Geschäftsbedingungen im Internet. Diese sollten Sie unbedingt einmal lesen, bevor Sie eine Bestellung aufgeben.

Kapitel 3: Telebuch

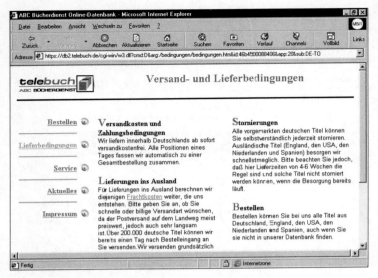

Bild 3.5: Versand- und Lieferbedingungen von Telebuch

Da Screenshots meist schlecht zu lesen sind, dokumentieren wir hier die Lieferbedingungen von Telebuch:

»Allgemeine Geschäftsbedingungen in Form von Kleingedrucktem besitzen wir nicht. Wir bezeichnen uns selber als Ihren Online-Buchhändler – ohne Haken. Diesem tragen wir Rechnung, indem wir unsere Geschäfte fair nach den Bedingungen machen, die uns das BGB vorgibt.

Hinweise auf unsere AGB in den Rechnungen besitzen nur Werbecharakter.

Versandkosten und Zahlungsbedingungen

Wir liefern innerhalb Deutschlands ab sofort versandkostenfrei. Alle Positionen eines Tages fassen wir automatisch zu einer Gesamtbestellung zusammen.

3.2 Lieferbedingungen

Lieferungen ins Ausland

Für Lieferungen ins Ausland berechnen wir diejenigen Frachtkosten weiter, die uns entstehen. Bitte geben Sie an, ob Sie schnelle oder billige Versandart wünschen, da der Postversand auf dem Landweg meist preiswert, jedoch auch sehr langsam ist. Über 200.000 deutsche Titel können wir bereits einen Tag nach Bestelleingang an Sie versenden. Wir versenden grundsätzlich über die neuen Frachtpostzentren der Post, so daß unsere Sendungen in der BRD meist innerhalb von 24 Stunden zugestellt werden. Titel, die noch nicht erschienen sind, merken wir automatisch für Sie vor. In diesem Fall erhalten Sie spätestens innerhalb von einer Woche nach Bestelleingang eine Nachricht.

Stornierungen

Alle vorgemerkten deutschen Titel können Sie selbstverständlich jederzeit stornieren. Ausländische Titel (England, den USA, den Niederlanden und Spanien) besorgen wir schnellstmöglich. Bitte beachten Sie jedoch, daß hier Lieferzeiten von 4 - 6 Wochen die Regel sind und solche Titel nicht storniert werden können, wenn die Besorgung bereits läuft.

Bestellen

Bestellen können Sie bei uns alle Titel aus Deutschland, England, den USA, den Niederlanden und Spanien, auch wenn Sie sie nicht in unserer Datenbank finden.

Bestellen können Sie gerne auch telefonisch unter 0941/788 788, per Fax (0941/700 213) oder per E-Mail (ustadler@telebuch.de).

Falls Sie Kreditkartendaten nicht per Internet senden wollen, können Sie uns Ihre Daten per Telefax oder telefonisch durchgeben. Außerhalb der Geschäftszeiten steht Ihnen unser Anrufbeantworter zur Verfügung.«

Bedenkt man, daß die Geschäftsbedingungen der Banken inzwischen dicke Bücher geworden sind, in denen mehr Gebühren und Kosten verschleiert als offengelegt werden, klingen diese Geschäftsbedingungen recht ehrlich und fair.

Kapitel 3: Telebuch

3.3 Service

Zum Service von Telebuch gehört unter anderem, daß Sie die Telebuch-Datenbank auch auf einer CD-ROM erhalten können, damit Sie kostengünstig offline recherchieren können. Außerdem können Sie auch einen E-Mail-Service nutzen und kostenlos Infoletter bestellen, mit denen Sie regelmäßig über aktuelle Neuerscheinungen informiert werden.

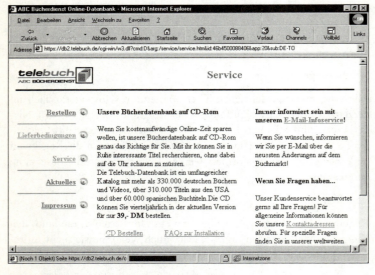

Bild 3.6: Der Servicebereich von Telebuch

Im Servicebereich können Sie die CD-ROM gleich online bestellen und mit einem Klick auf die Schaltfläche FAQS ZUR INSTALLATION die wichtigsten Hilfestellungen zur Installation abrufen.

Des weiteren können Sie sich auch noch die Kontaktadressen bei Telebuch ansehen, für den Fall, daß Sie irgendwelche Fragen an einen Ansprechpartner bei Telebuch haben.

3.4 Aktuelles

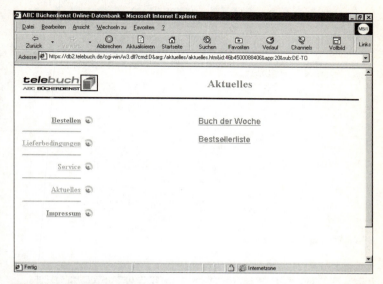

Bild 3.7: Aktuelles bei Telebuch

Im Bereich AKTUELLES finden Sie interessante Buchempfehlungen mit dem regelmäßig aktualisierten »Buch der Woche«.

Hier wird ein aktuelles Buch präsentiert, und zwar mindestens so ausführlich, wie man es von Zeitungen und Zeitschriften gewohnt ist (siehe Bild 3.8). Natürlich kann man dieses Buch auch gleich bestellen! Auf diese Weise wird sicherlich so mancher interessante Autor und so manches wichtige Buch gefördert.

Über die Schaltfläche BESTSELLERLISTE rufen Sie die »Spiegel«-Bestsellerliste (siehe Bild 3.9) auf, die eine der wichtigsten Trendmesser für den Buchmarkt ist. Bei Telebuch finden Sie die jeweils aktuelle Top-10-Liste aus dem Spiegel. Auch hier können Sie mit einem Mausklick den Titel gleich bestellen.

Kapitel 3: Telebuch

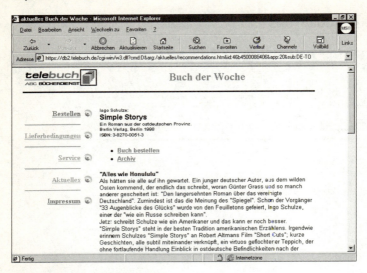

Bild 3.8: Das Buch der Woche

Bild 3.9: Die Spiegelbestseller

3.5 Impressum

Seit einiger Zeit ist das Impressum für Online-Buchhandlung gesetzlich vorgeschrieben, so daß Sie sich auch mit diesen Informationen vertraut machen können. Sie erhalten dort alle Informationen darüber, was das Unternehmen Ihnen bietet.

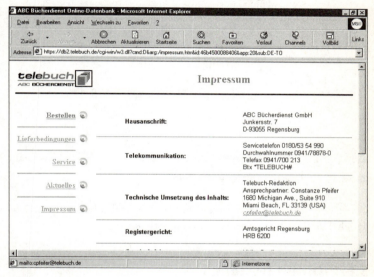

Bild 3.10: Das Impressum

3.6 Bestellung

Mit einem Klick auf die Schaltfläche BESTELLUNG erreichen Sie das gelobte Land der Bücher! Über 1 Million Buchtitel sind in der Telebuch-Datenbank gespeichert, mehr, als Sie jemals in Ihrem Leben lesen werden – und bestimmt zu jedem Interessengebiet etwas. Schon der alte Goethe sagte, »Wer vieles bringt, wird jedem etwas bringen« – und Telebuch (und mancher andere auch) hat es realisiert.

Kapitel 3: Telebuch

Bild 3.11: Die Bestell-Leitseite von Telebuch

Gehen wir im Folgenden einmal von unten nach oben vor, um die Möglichkeiten von Telebuch zu demonstrieren:

3.6.1 Direkt bestellen

Selbst bei der riesigen Menge von 1 Million Bücher wird es Titel geben, die nicht in dieser Datenbank vorhanden sind. Aus diesem Grunde gibt es die Möglichkeit, unabhängig von der automatisierten Bestellung über die Datenbank jeden anderen Titel ebenfalls zu bestellen. Das bedeutet, daß Sie jeden Artikel, der eine ISBN-Nummer hat, also auch Videos und CD-ROMs, erwerben können.

3.6 Bestellung

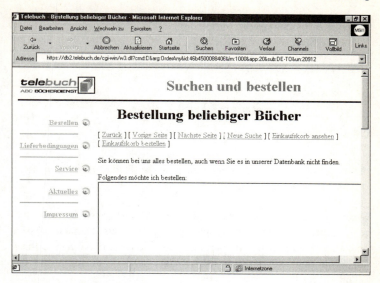

Bild 3.12: Direktbestellung

Tragen Sie nun die Bestellnummer, den Titel oder andere Angaben ein, die den gewünschten Artikel beschreiben. Damit bei offenen Fragen ein klärender Rückruf erfolgen kann, werden Sie auch um Ihre Telefonnummer gebeten.

3.6.2 Kundenkonto

Da Kundenkontos Angaben enthalten, die nicht für jedermann zugänglich sein sollten, werden diese Daten besonders geschützt. Telebuch verwendet das SSL-System zur sicheren Datenübermittlung.

Es handelt sich dabei um eine Technik, die weitestgehend den Sicherheitsansprüchen der Nutzer Rechnung trägt. Scheckkarte oder Bargeld sind derzeit auch nicht sicherer!

Falls Sie den Sicherheitsbereich von Telebuch irgendwann einmal verlassen wollen, erhalten Sie vorsichtshalber den folgenden Hinweis.

Kapitel 3: Telebuch

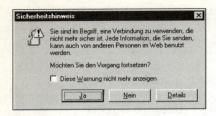

Bild 3.13: Sicherheitshinweis

> **Tip:** Sie sollten an dieser Stelle niemals das Feld DIESE WARNUNG NICHT MEHR ANZEIGEN aktivieren!

Wenn sie nicht von vornherein den Sicherheitsbereich betreten haben, erhalten Sie jetzt den entsprechenden Hinweis. Danach müssen Sie sich erst einmal identifizieren. Sie werden um die Eingabe Ihrer Kundennummer sowie Ihrer E-Mail-Adresse oder alternativ um die Eingabe Ihrer Postleitzahl gebeten.

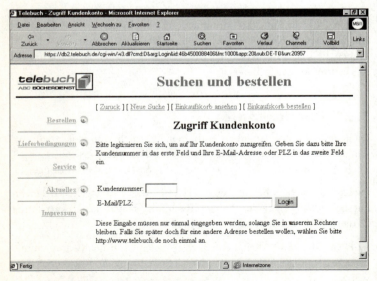

Bild 3.14: Zugriff auf das Kundenkonto

3.6 Bestellung

Danach haben Sie die Möglichkeit, Ihren Kontostand und andere Informationen Ihres Kundenkontos abzufragen.

3.6.3 Online-Datenbank

Die Suche innerhalb der Online-Datenbank von Telebuch ist recht einfach gehalten. Mit einem Klick auf die entsprechende Schaltfläche öffnet sich eine übersichtliche Suchmaske, die eine äußerst komfortable Suche erlaubt.

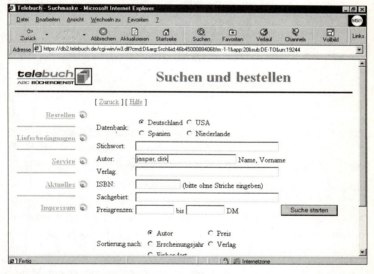

Bild 3.15: Die Suchmaske von Telebuch

Innerhalb des Buchangebotes können Sie als erstes in verschiedenen Ländern suchen lassen. Zur Zeit haben Sie die Wahl zwischen Deutschland, USA, Spanien und Niederlande. Eines oder mehrere der folgenden Felder können Sie dann nach Belieben ausfüllen. Dabei haben Sie sogar die Möglichkeit, Preisgrenzen einzugeben!

Kapitel 3: Telebuch

Ein Mausklick auf die Schaltfläche SUCHE STARTEN führt sehr schnell zu einem Ergebnis, und die Bücher des gesuchten Autors werden blitzschnell aufgelistet.

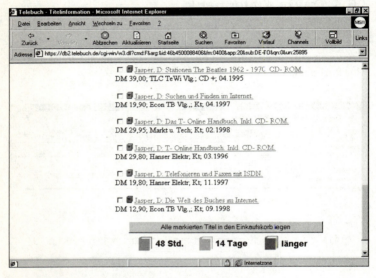

Bild 3.16: Die Auflistung der Suchergebnisse

Die farbigen Markierungen zeigen an, mit welchen Lieferfristen zu rechnen ist. Sie sehen, daß das Buch, das Sie gerade in der Hand halten, hier bereits angekündigt wird.

Genau wie man es auch im Internet gewohnt ist, reicht ein Mausklick auf die unterstrichene Zeile, um weitere Informationen über das gewünschte Buch zu erhalten (siehe Bild 3.17).

Hier erhalten Sie alle notwendigen Informationen. Sie können sogar, falls Sie das entsprechende Buch bereits gelesen haben, eine eigene Buchkritik schreiben und an Telebuch einsenden. Der Link EIGENE KRITIK SCHREIBEN (rechts oben) führt zu dem Formular, das Sie dabei verwenden sollten (siehe Bild 3.18).

3.6 Bestellung

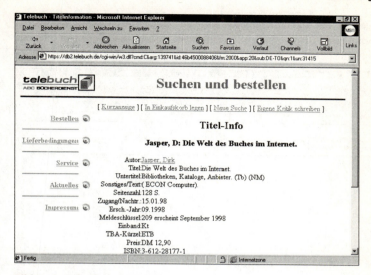

Bild 3.17: Info über das Buch

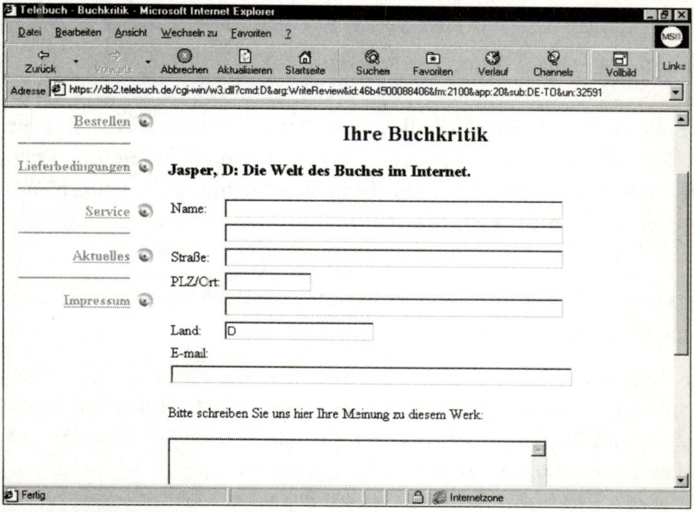

Bild 3.18: Buchkritik erwünscht

Kapitel 3: Telebuch

Sie können das Buch natürlich aber auch gleich bestellen. Dafür brauchen Sie lediglich den Link IN EINKAUFSKORB LEGEN anzuklicken.

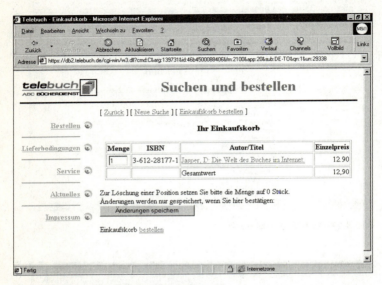

Bild 3.19: Der Einkaufskorb von Telebuch

Im Einkaufskorb werden alle Ihre Bestellungen gesammelt, so daß Sie jederzeit einen guten Überblick darüber haben. Falls Sie ein Buch nun doch nicht haben möchten, brauchen Sie nur die Stückzahl der bestellten Bücher im Feld MENGE auf 0 zu setzen – und schon wird das Buch von Ihrem Bestellzettel gestrichen.

Ein Mausklick auf den Link EINKAUFSKORB BESTELLEN führt zum eigentlichen Bestellvorgang.

Durch die Eingabe des Länderkennzeichens (siehe Bild 3.20) werden die entsprechenden Lieferkonditionen aktiviert. Innerhalb von Deutschland liefert Telebuch versandkostenfrei, bei Lieferungen ins Ausland werden die Selbstkosten berechnet.

3.6 Bestellung

Bild 3.20: Bestellvorgang starten

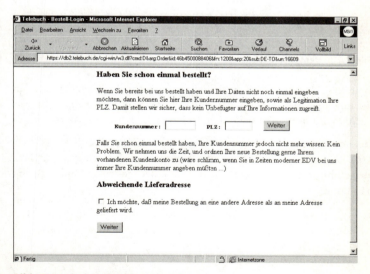

Bild 3.21: Sind Sie bereits Kunde?

Kapitel 3: Telebuch

Weiter unten auf der Bestellseite (siehe Bild 3.21) geben Sie dann einfach Ihre Kundennummer und Postleitzahl ein, was vollkommen ausreicht, um Sie zu identifizieren.

Bild 3.22: Bestellformular

Waren Sie bisher noch kein Kunde von Telebuch, brauchen Sie nur die Eingabefelder des entsprechenden Formulars ausfüllen, wobei Sie auch die Zahlungsart (siehe Bild 3.22 und 3.23) angeben müssen.

Danach brauchen Sie nur noch auf die Schaltfläche BESTELLUNG AUFGEBEN zu klicken, damit die Lieferung so schnell wie möglich ausgeführt wird. So einfach ist das Bestellen bei einer Online-Buchhandlung.

3.6 Bestellung

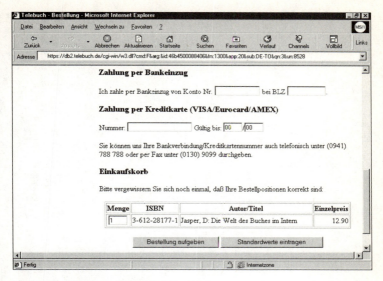

Bild 3.23: Die Auswahl der Zahlungsart

4 Amazon

4.1	Suchen in Amazon 65
4.2	Finden Sie Ihr Thema! 71
4.3	Bestseller 72
4.4	Vorschlagslisten 74
4.5	Bücher kann man auch verschenken! 75
4.6	Bücher für junge Leser 76
4.7	Besprochen ist besprochen 76
4.8	Preisgekrönte Bücher 78
4.9	Der Einkaufswagen 79

Kapitel 4: Amazon

Amazon ist laut eigenem Bekunden die größte Buchhandlung der Welt und liegt gerade mal einen Mausklick weit von Ihnen entfernt! Sie finden sie unter der Adresse http://www.amazon.com.

Bild 4.1: Die Homepage von Amazon

Als erstes fällt bei dieser Homepage auf, daß sie um einiges bunter gestaltet wurde als die Telebuch-Seite, was mit Sicherheit auch in der größeren Erfahrung der Ersteller dieser Seite begründet ist.

Auf dieser bunten Leitseite wird Ihnen nun der aktuelle Toptitel des Oprah-Buchclubs angeboten, nämlich der Titel »Black and Blue«. Dabei wird geschickt mit dem Buchclub-Rabatt von Oprah geworben, der in Deutschland dank der Preisbindung für Bücher strikt verboten ist. Sie können sogar das erste Kapitel des Buches lesen, was zeigt, um wieviel weiter die amerikanischen Verlage im Vergleich zu den deutschen sind, denn hier wird in den meisten Fällen immer noch darüber diskutiert, ob ein Buch überhaupt im Internet vorgestellt werden darf!

Auf der Leitseite können Sie nun mit Hilfe eines »Keywords« im Schnellverfahren nach einem Titel suchen. Im Bereich BROWSE SUBJECTS gibt es zudem die Möglichkeit, die Suche in bestimmten, thematisch geordneten Rubriken durchzuführen.

4.1 Suchen in Amazon

Die Suche in Amazon ist hervorragend organisiert, denn die Möglichkeiten der Suche sind äußerst vielfältig und intelligent durchdacht. Sie haben dabei die Möglichkeit, nach einem Autor, einem Titel, einer ISBN-Nummer oder mit Hilfe von Stichworten zu suchen. Zusätzlich können Sie die Suche auch zeitlich, also nach Erscheinungsdaten, einschränken oder zum Beispiel ganz gezielt nach Büchern für Kinder und Jugendliche suchen lassen.

4.1.1 Suche nach einem Autor oder Titel

Klicken Sie nun auf der Leitseite von Amazon auf die Schaltfläche SEARCH, dann öffnet sich das in Bild 4.2 dargestellte Fenster. Dort sind im linken Bereich verschiedene Suchkriterien angegeben, wie zum Beispiel ISBN oder PUBLICATION DATE. Die beiden Eingabeleisten im mittleren Bereich der Seite dienen zur Eingabe eines Autorennamens oder eines Titels. Geben Sie einen Autoren ein, dabei achten Sie bitte darauf, den Namen auch richtig zu schreiben, da Ihre Suche sonst erfolglos bleiben wird.

Im Feld AUTHOR haben Sie auch die Möglichkeit, zuerst den Nachnamen und dann – mit einem Komma abgetrennt – den Vornamen oder den/die ersten Buchstaben des Vornamens einzutragen. Auch vom Nachnamen können Sie, wenn Sie sich bezüglich der richtigen Schreibweise unsicher sind, lediglich die ersten Buchstaben eingeben. Wenn Sie sich beispielsweise nicht mehr sicher sind, ob der Nachname `Winfrey` sich vielleicht nicht doch `Winfred` schreibt, geben Sie nur `Winfre` ein. Sie erhalten dann alle Autoren aufgelistet, die mit diesem Wortteil beginnen, was die Recherche bereits erheblich erleichtert.

Kapitel 4: Amazon

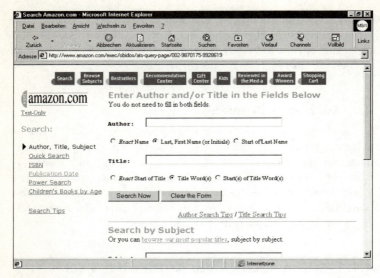

Bild 4.2: Suchen in Amazon

Auch bei der Suche nach einem Titel haben Sie wieder die Möglichkeit, entweder den exakten Titel, Worte aus dem Titel als Stichworte oder nur den Anfang eines Titels einzugeben.

Klicken Sie nun die Schaltfläche SEARCH NOW an, startet Amazon die Suche in der Datenbank.

4.1.2 Quick Search

Wenn Sie im linken Bereich der Suchseite von Amazon die Auswahl QUICK SEARCH aktivieren, können Sie ein oder auch mehrere Stichworte, den Namen eines Autors oder auch eine Kombination aus beiden Möglichkeiten eingeben. Die Datenbank von Amazon ist so gut organisiert, daß dabei äußerst genaue Ergebnisse erzielt werden können.

4.1 Suchen in Amazon

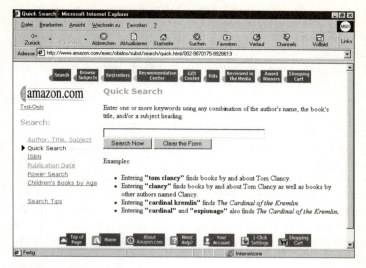

Bild 4.3: Quick Search

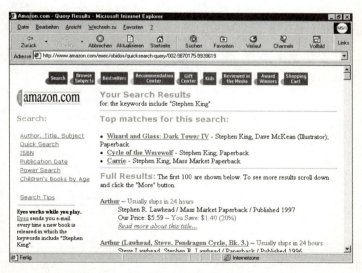

Bild 4.4: Das Ergebnis der Suche nach »Stephen King«

Kapitel 4: Amazon

Die hier durchgeführte Suche nach Stephen King führte sowohl zu der Auflistung von einigen Toptiteln des Horror-Autors als auch zu einer langen Liste von Autoren und Titeln, die alle entweder das Wort Stephen oder King oder beide enthielten, was naturgemäß eine sehr lange Liste ergibt!

4.1.3 Die Suche mit ISBN-Nummern

Das System der ISBN-Nummern (ISBN = International Standard Book Number) ist weltweit vereinheitlicht, was dem Buchhandel das Bestellwesen ganz erheblich erleichtert. Bei Amazon können Sie ganz gezielt bis zu sechs ISBN-Nummern eingeben, also bis zu sechs Bücher gleichzeitig suchen lassen, wenn Sie zwischen die ISBN-Nummern jeweils ein OR einfügen. Dies kann u.a. auch bei verschiedenen Buchausgaben (Hardcover, Paperback, Taschenbuch, Buch zum Film usw.) interessant sein.

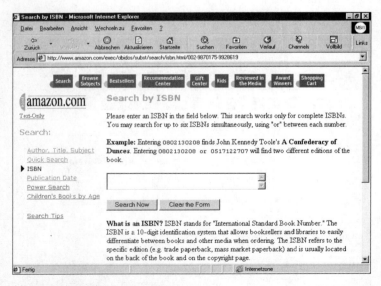

Bild 4.5: Suchen nach einer ISBN

4.1 Suchen in Amazon

4.1.4 Suche nach dem Veröffentlichungsdatum

Eine weitere Möglichkeit der Suchbedingung ist eine Einschränkung des Veröffentlichungszeitraumes. Dazu brauchen Sie nur den Jahrgang einzugeben, aus dem das Buch stammt. Sie sollten zusätzlich weitere Felder ausfüllen, damit Sie nicht alle im entsprechenden Zeitraum veröffentlichten Bücher aufgelistet bekommen. Sinnvolle Einschränkungen können z.B. die Eingabe des Autors oder des Verlags sein. Auch Begriffe aus dem Titel können dabei helfen, die Suche zu verfeinern und schneller zum gewünschten Ergebnis zu kommen.

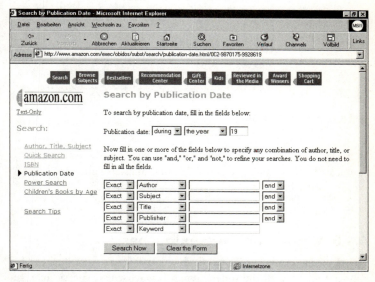

Bild 4.6: Die Suche nach dem Veröffentlichungsdatum

4.1.5 Power Search

Mit der POWER SEARCH haben Sie eine gigantische Suchmaschine vor sich. Sie können so ziemlich jeden Begriff – vom Vornamen des Autors bis hin zu Bruchstücken aus dem Titel oder Stichworten – eingeben und diese mit AND, OR oder NOT verknüpfen.

Kapitel 4: Amazon

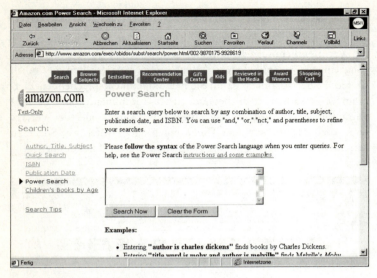

Bild 4.7: »Power Search«

> **Tip:** Jede zusätzliche Eingabe schränkt naturgemäß die Datenmasse des Ergebnisses ein, was wohl in den meisten Fällen sehr sinnvoll sein wird.

4.1.6 Kinder- und Jugendbücher

Eine äußerst sinnvolle Idee ist die Suchmöglichkeit nach Büchern für Kinder und Jugendliche (oder »junge Erwachsene«, wie sie hier genannt werden), indem ganz einfach eine Altersgruppe eingegeben wird. Dies bedeutet gerade für Eltern und Verwandte, die ein Buch verschenken möchten, eine große Erleichterung.

Die vorgegebenen Altersgruppen bewegen sich vom Baby bis zur Vorschule sowie in den Altersgruppen 4 bis 8 Jahre, 9 bis 12 Jahre sowie von 13 bis 18 Jahren (Teenager).

4.2 Finden Sie Ihr Thema!

Wenn man ein wirklich sinnvolles Ergebnis erhalten will, sollte man zusätzlich zum Alter wenigstens noch ein Stichwort eingeben.

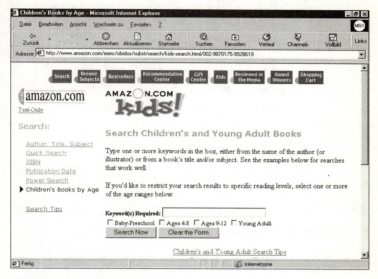

Bild 4.8: Kinderbücher nach dem Alter eingeteilt

4.2 Finden Sie Ihr Thema!

Amazon bietet Ihnen die Möglichkeit, sich über die Schaltfläche BROWSE SUBJECTS eine lange Liste von Themengebieten anzusehen. Klicken Sie dort dann eine Kategorie an, erhalten Sie zu dem entsprechenden Themenbereich Bücher, Computerspiele und DVD-Videos, können sich aber auch die bestverkauften Amazon-Bücher in dem jeweiligen Genre ansehen.

Bei über 2,5 Millionen Titeln sollte doch irgendein Buch zu finden sein, das auch Sie interessiert ...

Kapitel 4: Amazon

Bild 4.9: Auswahl aus den Kategorien

4.3 Bestseller

Sie ahnen ja gar nicht, wie viele Bestsellerlisten es gibt! Im Bereich BESTSELLERS finden Sie sie alle – und bestimmt noch ein paar mehr! Dort sind sie nach Ländern, Publikationen, Themen etc. geordnet.

Meinen Sie nicht auch, daß Sie sich jetzt wirklich einmal entschließen sollten, ein Buch zu bestellen? Ein kurzer Klick auf den Warenkorb zeigt nämlich, daß er noch gähnend leer ist! Oder reicht Ihnen die Auswahlmöglichkeit noch immer nicht?

4.3 Bestseller

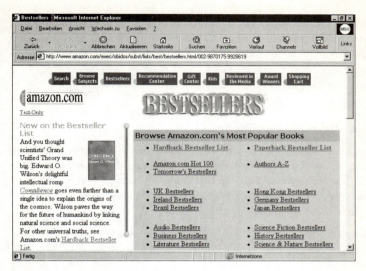

Bild 4.10: Die Auswahl an Bestsellern

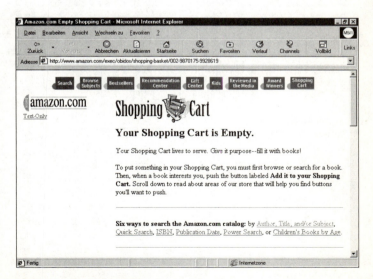

Bild 4.11: Der Einkaufskorb ist noch leer

Kapitel 4: Amazon

Wie bereits gesagt, ist der Einkaufskorb dazu da, daß Sie ihn mit Büchern füllen! Wer dies noch immer nicht verstanden hat, bekommt von Amazon auf charmante Art und Weise ein paar Hinweise über die Funktion des Einkaufskorbes und über die Möglichkeiten, doch noch ein paar interessante Bücher zu finden.

4.4 Vorschlagslisten

Amazon bietet Ihnen einen umfangreichen Service mit Buchempfehlungen und Vorschlagslisten an und bietet die Möglichkeit, sich E-Mails mit unterschiedlichsten Buchempfehlungen zusenden zu lassen. Auf Ihren Wunsch hin wird sogar regelmäßig eine Vorschlagsliste erstellt, die auf Ihren bisherigen Bestellungen basiert.

Falls Sie also keine Lust haben, in der Amazon-Datenbank nach Büchern zu suchen, dann lassen Sie sich doch einfach diese E-Mails mit Buchempfehlungen zusenden.

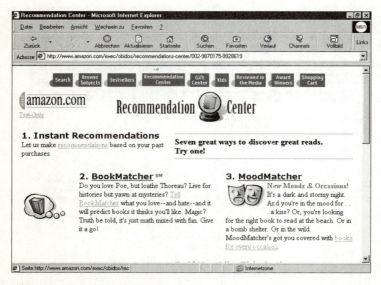

Bild 4.12: Sie haben die Wahl ...

4.5 Bücher kann man auch verschenken!

Wer einmal wissen möchte, wie gutes Marketing aussieht, der braucht sich nur die Seite von Amazon anzusehen. Vom Muttertag bis zur Scheidung und vom Dankeschön bis hin zu Liebesschwüren – an jede mögliche Gelegenheit, ein Buch zu verschenken, ist gedacht!

So mancher brave deutsche Buchhändler muß doch blaß werden, wenn er sieht, wie man Feiertage, Gedenktage, Ehrentage usw. in Geschenkanlässe für Bücher verwandeln kann. Vielleicht sollten die zuständigen Mitarbeiter des Börsenvereins des Deutschen Buchhandels einmal auf diese Seite schauen, um sich einmal ein Bild von den weitreichenden Möglichkeiten des Marketings zu machen!

Selbst in den Merchandising-Bereich ist Amazon eingestiegen. Dort kann man sich je nach Vorrat T-Shirts, Baseball-Kappen, Tassen oder sonstige Artikel nach Hause senden lassen. Noch Wünsche, liebe Leser?

Bild 4.13: Das »Gift-Center« von Amazon

Kapitel 4: Amazon

4.6 Bücher für junge Leser

Über die Schaltfläche KIDS auf der Leitseite erreichen Sie den Bereich für jüngere Leser. Dieser ist noch einmal in verschiedene Altersklassen eingeteilt und bietet eine Vielzahl von Möglichkeiten, Bücher für Kinder, Jugendliche oder für Eltern mit Kindern zu suchen und zu finden. Das Angebot reicht dabei von Kinderklassikern bis hin zu preisgekrönten Büchern.

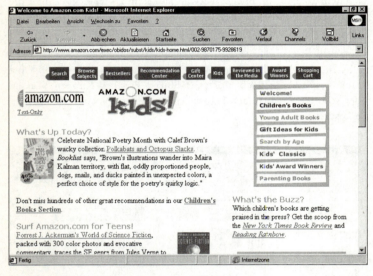

Bild 4.14: Bücher für das jüngere Publikum

4.7 Besprochen ist besprochen

Der Bereich REVIEWED IN THE MEDIA führt so ziemlich jede Zeitung und Zeitschrift auf, in der ein Buch besprochen wurde, und zwar von »Mother Jones« über den legendären »The New Yorker« bis hin zum »San Francisco Chronicle«. Die Bücher zu den Rezensionen können Sie sich hier gleich mit bestellen!

4.7 Besprochen ist besprochen

Natürlich dürfen die »New York Times« oder gar »Oprah« nicht fehlen! Klicken Sie hier einmal auf OPRAH, gelangen Sie zu der aktuellen Buchempfehlung, die Sie bereits auf der Leitseite von Amazon (Bild 4.1) bewundern konnten.

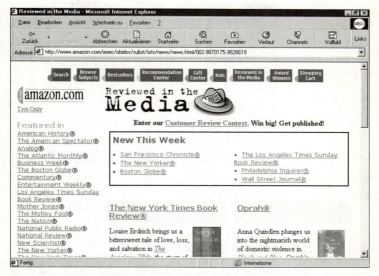

Bild 4.15: Rezensionen – und die passenden Bücher

Wie Sie im nächsten Bild sehen können, weißt die Schaltfläche ADD TO YOUR SHOPPING CARD auf die direkte Bestellmöglichkeit hin. Entscheidungsschwache werden dort aber auch darauf hingewiesen, daß man das Buch später immer noch aus dem Einkaufswagen herausholen kann!

Kapitel 4: Amazon

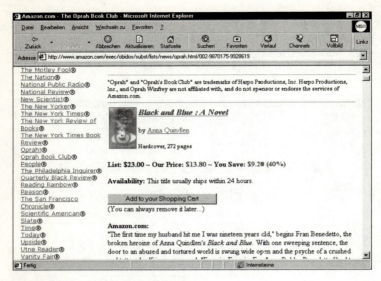

Bild 4.16: Die Oprah-Buchempfehlung

4.8 Preisgekrönte Bücher

Die Schaltfläche AWARD WINNERS (siehe Bild 4.15) führt Sie zu einer weiteren interessanten Seite von Amazon. Falls Sie bisher der Meinung waren, daß Ihnen mit dem Friedenspreis des Deutschen Buchhandels und dem Nobelpreis alle Literaturpreise dieser Welt bekannt wären, dann sollten Sie sich einfach nur einmal die Liste der preisgekrönten Bücher ansehen.

Der Scrollbalken auf der rechten Seite des Bildes 4.17 läßt bereits erkennen, daß es sich hier um eine ziemlich lange Liste handelt. Natürlich können Sie aus dieser Liste auch direkt eines der preisgekrönten Bücher bestellen.

4.9 Der Einkaufswagen

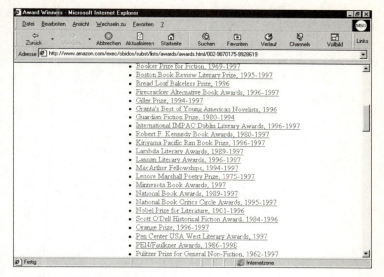

Bild 4.17: Literaturpreise ohne Ende

Tatsächlich soll es ja auch Menschen geben, die sich ein preisgekröntes Buch nur kaufen, um ihre Verwandtschaft, Bekanntschaft oder ihre Kollegen damit zu beeindrucken. Dieser Typ von Mensch ist hier genau an der richtigen Stelle, denn hier findet er alles, was mit einem Preis versehen wurde, sei es nun mit dem »Nobelpreis« oder dem »Lenore Marshall Poetry Prize«.

4.9 Der Einkaufswagen

Der Einkaufswagen dient dazu, die zum Kauf ausgewählten Bücher zu sammeln. Falls Sie sich aber doch entschließen sollten, den Bummel bei Amazon ohne Einkauf zu beenden, brauchen Sie nur die Schaltfläche CHANGED QUANTITIES zu drücken (siehe Bild 4.18) und die Bestellmenge auf 0 zu setzen.

Kapitel 4: Amazon

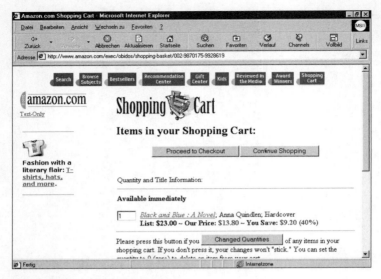

Bild 4.18: Ein Buch im Einkaufskorb

Bis heute ist noch nichts darüber bekannt geworden, daß einer der 1,5 Millionen Kunden von Amazon Probleme bei der Weitergabe seiner Kreditkarten- oder Kontonummer über das Internet gehabt hätte. Ähnlich wie bei Telebuch wird dort mit den aktuellsten Sicherheitsstandards gearbeitet.

In den Zeitungen konnten Sie in der letzten Zeit verfolgen, wie T-Online geknackt wurde, Scheckkarten-Betrüger erfolgreich waren oder Kreditkarten-Fälscher das Land unsicher machen. Selbst Bargeld wird ja mittlerweile in höchster Qualität nachgemacht – oder Ihre Bank bucht Ihnen einfach zuviel Geld ab oder verrechnet sich bei den Zinsen.

Sie können also davon ausgehen, daß die Sicherheitsstandards im Internet zumindest dieselbe Qualität haben wie die genannten Zahlungsarten.

4.9 Der Einkaufswagen

Bild 4.19: Sicherheitshinweis von Amazon

Um sich nun über die Sicherheit bei Amazon zu informieren, klicken Sie einfach den Link an, der Sie zum Sicherheits-Server von Amazon bringt. Sicherer als dort geht es derzeit weltweit nirgendwo zu.

5 Literatur in Newsgroups

5.1	Newsgroups im Internet	84
5.2	Suchen von Newsgroups	85
5.3	Lesen von Newsgroups	88
5.4	Deutsche Newsgroups	97
5.5	Die Stichwortsuche in DejaNews	101

Kapitel 5: Literatur in Newsgroups

5.1 Newsgroups im Internet

Newsgroups sind weltweite Diskussionsgruppen, deren Funktion der von »Schwarzen Brettern« ähnelt. Eine Nachricht wird von jemandem in eine der vorhandenen Newsgroups gepostet (hineingeschrieben), und ein anderer liest diese Nachricht und antwortet darauf. Wiederum andere lesen diese Nachrichten und antworten ebenfalls auf die eine oder andere Nachricht – und das weltweit!

Aus Platzgründen können wir hier keinen ausführlichen Exkurs über die Benutzung von Newsgroups bieten. Bei Interesse sollten Sie sich deshalb das Econ-Taschenbuch »Internet Newsgroups« (ISBN 3-612-28169-0) im Buchhandel besorgen.

Die zentrale Anlaufstelle für Newsgroups sollte für Sie, entweder über Ihren Provider oder direkt über das Internet, auf jeden Fall DejaNews sein.

Adresse: http://www.dejanews.com

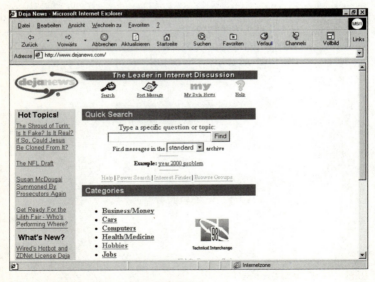

Bild 5.1: Die Homepage von DejaNews

In der Mitte der Leitseite von DejaNews befindet sich das Suchfeld, in das Sie nun die von Ihnen gesuchten Stichwörter eingeben können, um sie dann mit einem Klick auf die Schaltfläche FIND suchen zu lassen. (Auch hier kann es aus Platzgründen keine ausführlichen Erläuterungen zu den vielen Möglichkeiten des Suchens, beispielsweise in DejaNews, geben. Im Buchhandel gibt es zu diesem Thema das Econ-Taschenbuch »Erfolgreich suchen im Internet«, ISBN 3-612-28176-3, in dem ausführlich auf DejaNews und seine Möglichkeiten eingegangen wird.)

5.2 Suchen von Newsgroups

Da es sich in unserem Fall um das Thema »Literatur im Internet« dreht, können Sie direkt auf die wichtigsten Newsgroups zu diesem Thema zugreifen. Klicken Sie hierzu auf den Link BROWSE GROUPS, den Sie in der Mitte der Leitseite finden.

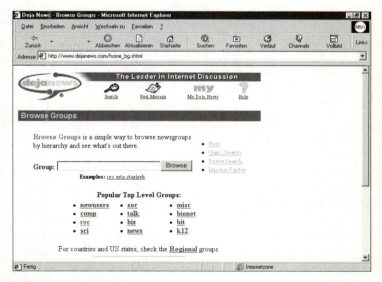

Bild 5.2: Browse Groups

Kapitel 5: Literatur in Newsgroups

Die Newsgroups sind weltweit streng hierarchisch gegliedert, so daß Sie sich von oben nach unten bis zu Ihrem Thema durchklicken können.

Literarische Newsgroups finden Sie innerhalb der Top-Level-Gruppe REC. Klicken Sie also auf den entsprechenden Link.

Nun öffnet sich Ihnen ein weiteres Fenster, in dem Sie sehen können, daß noch weitere Untergruppen vorhanden sind. Dort können Sie auch gleich erkennen, wie viele Nachrichten in den entsprechenden Newsgroups gepostet sind. Sie haben bereits jetzt die Möglichkeit, mit dem Link POST eine Nachricht in die entsprechende Newsgroup zu setzen.

Bild 5.3: Themen innerhalb von »rec«

Auf der Suche nach Literatur werden Sie in der Untergruppe ARTS fündig, die noch weitere 25 Untergruppen anbietet. Ein Klick auf den entsprechenden Link führt Sie zu der ausgewählten Untergruppe.

5.2 Suchen von Newsgroups

Bild 5.4: Die ersten rec.arts-Gruppen

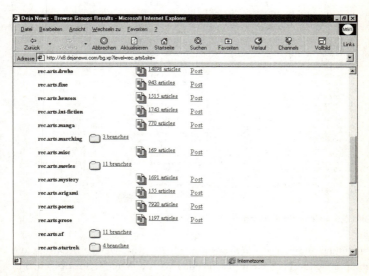

Bild 5.5: Weitere rec.arts-Gruppen

Kapitel 5: Literatur in Newsgroups

In der Gruppe REC.ARTS dreht sich alles um Kunst und Kultur. Innerhalb der Gruppe REC.ARTS.BOOKS finden Sie sogar weitere vier Untergruppen. Wenn Sie ein wenig weiter nach unten scrollen, dann finden Sie mit REC.ARTS.POEMS sogar eine eigene Newsgroup nur für Gedichte! Dort sind fast 8.000 verschiedene Artikel zum Thema Gedichte gepostet!

5.3 Lesen von Newsgroups

Wenn Sie jetzt neugierig geworden sind, über wie viele Jahre hinweg die Einträge in einer literarischen Newsgroup entstanden sind, dann brauchen Sie nur auf den Link mit der Zahl der geposteten Artikel zu klicken – Sie werden sich wundern!

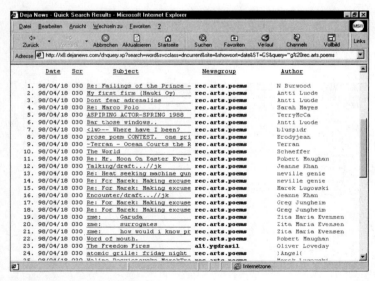

Bild 5.6: Aktuelle Postings

Im linken Bereich können Sie nun ablesen, an welchem Datum die entsprechende Nachricht geschrieben wurde. Wie Sie im obigen Bild erkennen können, ist diese Vielzahl an Postings an einem Tag ge-

5.3 Lesen von Newsgroups

schrieben worden! Wer behauptet da noch, daß Internet-Benutzer nicht lesen und schreiben können?

Natürlich werden hier auch Nonsens-Diskussionen geführt, aber in den meisten Fällen entsteht ein literarisch anspruchsvoller Gedankenaustausch. Zudem gibt es dort auch Diskussionen und Rezensionen sowie Gespräche und Hilfestellungen.

Im rechten Bereich der Seite sehen Sie jeweils den Namen des Autors der jeweiligen Nachricht. Es wird nicht lange dauern, bis Sie einschätzen können, was Sie von den Diskussionsbeteiligten zu halten haben – ob sie auf Ihrer Wellenlänge schreiben oder nicht ernst zu nehmen sind.

Klicken Sie nun einfach einmal auf eine Zeile, um sich eine dieser Wortmeldungen anzusehen.

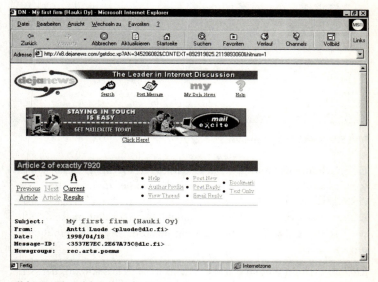

Bild 5.7: Ein Diskussionsbeitrag

Kapitel 5: Literatur in Newsgroups

Direkt unter der Werbung werden Ihnen diverse Möglichkeiten angeboten, wie z.B. das Autorenprofil oder die Hilfe. Am unteren Rand finden Sie dann den Titel und den Absender der Nachricht. Um das Posting zu lesen, brauchen Sie einfach nur weiter nach unten zu scrollen.

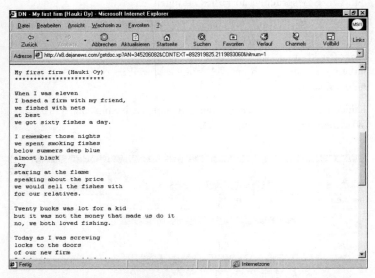

Bild 5.8: Lyrik aus Finnland

Es ist schon recht mutig, seine Gedanken in literarischer Form weltweit zu veröffentlichen. Man muß dabei immer damit rechnen, daß das eigene Werk völlig verrissen wird, denn auch im Internet gibt es Rezensenten wie Marcel Reich-Ranicki! Aber in den meisten Fällen wird sehr wohlwollend mit den eigenen literarischen Bemühungen umgegangen.

Klicken Sie nun einmal auf AUTHOR PROFILE am Anfang der Seite, um sich über den Autor umfassend zu informieren. Daraufhin erhalten Sie einen Überblick über die Postings des Autors.

5.3 Lesen von Newsgroups

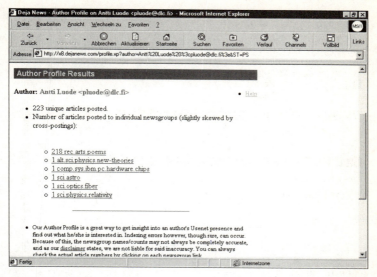

Bild 5.9: Ein Autorenprofil

Das in Bild 5.8 beispielhaft dargestellte Gedicht ist noch recht neu im Netz, weswegen wohl noch keine Antworten oder Reaktionen darauf erfolgt sein werden. Dies können Sie aber recht schnell überprüfen, indem Sie auf den Link VIEW THREAD (siehe Bild 5.7) klicken. Daraufhin öffnet sich nämlich ein weiteres Fenster (siehe Bild 5.10), in dem Sie erkennen können, in welchem Umfang sich an der Diskussion zu einem Thema beteiligt wurde.

Klicken Sie im Autorenprofil einmal auf den Namen des Autors, können Sie ihm direkt eine E-Mail schicken. Über die Schaltfläche POST REPLY (siehe Bild 5.7) können Sie einen Kommentar zu diesem Beitrag abgeben.

In beiden Fällen erhalten Sie allerdings von DejaNews den Hinweis, daß Sie sich erst registrieren lassen müssen, bevor Sie aktiv werden können (siehe Bild 5.11). DejaNews versucht zur Zeit, die vielen unerwünschten Werbebeiträge (auch »Spam« oder »Junk« genannt) aus den Newsgroups fernzuhalten.

Kapitel 5: Literatur in Newsgroups

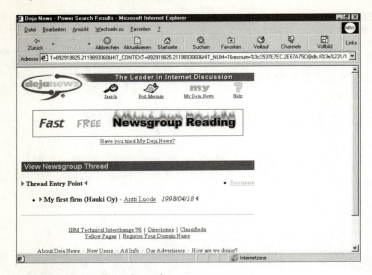

Bild 5.10: Einen Thread ansehen

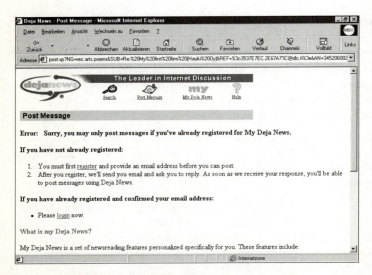

Bild 5.11: Ein Hinweis auf die Registrierung

5.3 Lesen von Newsgroups

Hinweis: Momentan ist die Benutzung von DejaNews noch kostenlos, aber es ist zu befürchten, daß sich dies irgendwann einmal ändern wird.

In der Newsgroup rec.arts.books (siehe Bild 5.12) sehen Sie den umfangreichen Bereich der angebotenen Bücher. In der Hauptgruppe oder in den weiteren Untergruppen können Sie alles lesen, was es über Bücher zu schreiben gibt. Auch hier finden Sie wieder den Beweis, daß es weltweit eine Menge Menschen gibt, die sich mit Büchern auseinandersetzen oder sogar selbst ihre Werke veröffentlichen.

Falls Sie eigene Beiträge schreiben, sollten Sie beachten, daß Sie möglichst in der passenden Gruppe posten. Wenn es also für Ihren Beitrag eine spezielle Untergruppe gibt, sollten Sie Ihre Nachricht auch dort veröffentlichen. Nur, wenn es keine passende Untergruppe gibt, sollten Sie Ihren Beitrag in die Obergruppe posten.

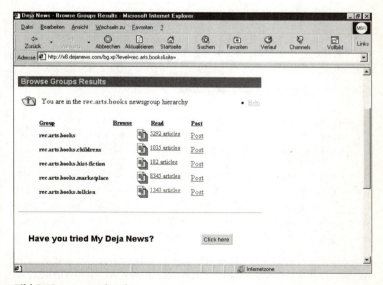

Bild 5.12: rec.arts.books

Kapitel 5: Literatur in Newsgroups

In der Newsgroup rec.arts.books.marketplace können Sie noch einmal erkennen, daß es täglich eine Vielzahl an Postings gibt. Dies können Diskussionen, Rezensionen oder sogar eigene Kurzgeschichten oder Romane sein.

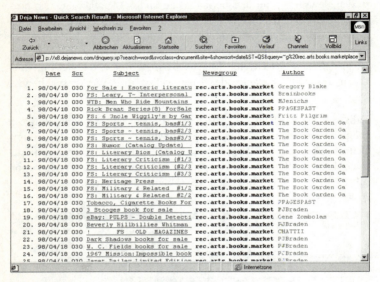

Bild 5.13: rec.arts.books.marketplace

So mancher Journalist und Autor hat sich hier zum ersten Mal der Öffentlichkeit präsentiert. Das »tolle« Gefühl von Papier und Buch kann allerdings auch die beste Newsgroup nicht ersetzen ...

Eine Antwort auf einen vorangehenden Artikel erkennt man am RE: vor dem Thema (siehe Bild 5.14). Zitate aus einem vorangehenden Beitrag werden durch eine spitze Klammer (>) am Zeilenanfang gekennzeichnet. So erkennt der Leser, auf welche Bemerkungen sich der folgende Text bezieht.

Um einen Eindruck von einem Diskussionsteilnehmer zu bekommen, betrachten Sie doch einmal kurz das Autorenprofil (siehe Bild 5.15): Auch ein Tolkien-Fan (ALT.FAN.TOLKIEN, REC.ARTS.BOOKS.TOLKIEN)

5.3 Lesen von Newsgroups

trinkt Bier (ALT.BEER) und interessiert sich für Star Trek (ALT.WESLEY.CRUSHER.DIE.DIE.DIE) und andere Serien (ALT.TV.SOUTHPARK).

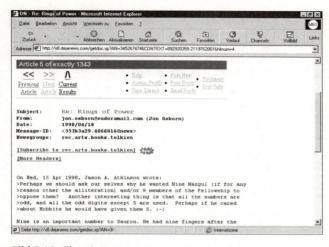

Bild 5.14: Eine Antwort

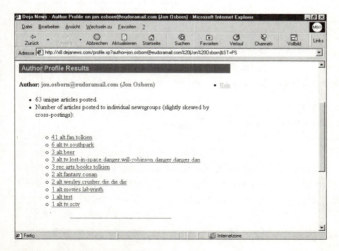

Bild 5.15: Profil eines Autors

Kapitel 5: Literatur in Newsgroups

Über die Schaltfläche VIEW THREAD können Sie sich auch die komplette Diskussionsfolge anschauen.

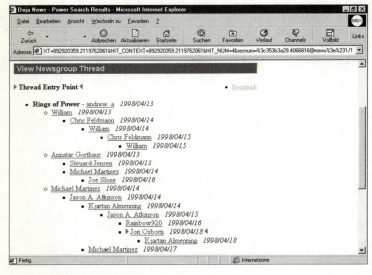

Bild 5.16: Thread ansehen

Sie sehen, daß es innerhalb von kürzester Zeit zu einer Vielzahl von Reaktionen auf den ursprünglichen Beitrag vom 13. April kam. Es entwickeln sich dabei sogar ganz eigenständige Diskussionsstränge.

Bestimmt werden auch Sie dieser Faszination, sich weltweit über Literatur auszutauschen, schnell erliegen.

> **Tip:** Sie sollten sich auch an den Diskussionen beteiligen, wenn Sie nicht perfekt und fehlerfrei die englische Sprache beherrschen. Viel wichtiger als Rechtschreibung und Ausdruck ist bei solchen Diskussionsgruppen der Inhalt, also, daß man etwas zu sagen hat. In solchen Fällen ist die Toleranz gegenüber den Schreibenden nahezu grenzenlos. Seien Sie aber anderen gegenüber ebenfalls so tolerant!

5.4 Deutsche Newsgroups

Natürlich gibt es im Internet nicht nur englischsprachige Newsgroups, aber Sie werden schnell feststellen, daß Englisch nun mal nicht nur eine Weltsprache, sondern auch die gebräuchlichste Sprache im Internet ist.

Auf der Leitseite von DejaNews haben Sie die Möglichkeit, über einen Link die Seite für die regionalen Gruppen anzuklicken. Zum einen wird dort nach einzelnen Staaten aufgeteilt, zum anderen gibt es eine Vielzahl regionaler Gruppen der US-Bundesstaaten. So mancher Reporter hat hier schon Meldungen gefunden, die dann später über die Sender gingen! Auch dies ist eine Möglichkeit der Recherche ...

Bei der Auswahl der Länder werden Sie zwar auch Österreich finden, aber nicht die Schweiz. Die Wahrscheinlichkeit ist sehr groß, daß die Schweizer je nach Sprache in entsprechenden Newsgroups von Deutschland, Österreich, Italien oder Frankreich mitdiskutieren.

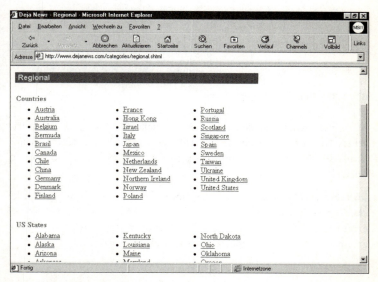

Bild 5.17: Regionale Newsgroups

Kapitel 5: Literatur in Newsgroups

Klicken Sie den Link für Deutschland an, erhalten Sie eine Übersicht über die deutschen Newsgroups, die sinngemäß identisch organisiert sind wie die internationalen Newsgroups, allerdings mit »de« eingeleitet werden.

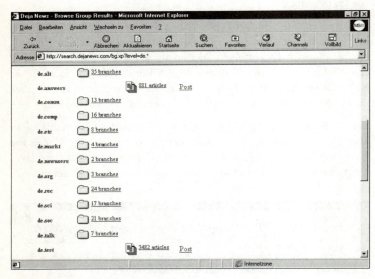

Bild 5.18: Deutsche Newsgroups

Mit einem Klick auf den Link DE.REC gelangen Sie zu den literarischen Newsgroups (siehe Bild 5.19). Dort können Sie schon an der Zahl der Newsgroups und Beiträge sehen, daß die Diskussionen überschaubarer werden.

Im Land von Goethe und Schiller gibt es keine Newsgroup für Lyrik, aber immerhin eine für Bücher. Allerdings fällt die Bücher-Newsgroup mit 707 aktuellen Artikeln gegenüber der Fotografie-Newsgroup mit über 6.000 geposteten Nachrichten etwas ab ...

5.4 Deutsche Newsgroups

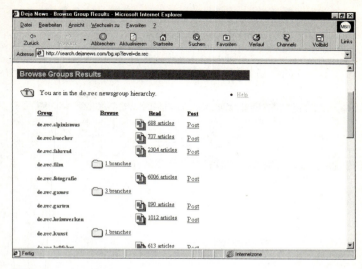

Bild 5.19: Die Gruppe de.rec

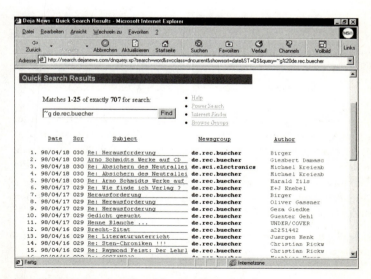

Bild 5.20: Die Themenübersicht von de.rec.buecher

Kapitel 5: Literatur in Newsgroups

Die Themenübersicht (siehe Bild 5.20) erreichen Sie nun wieder über den Link mit der Anzahl der geposteten Artikel.

Der folgende Diskussionsbeitrag zeigt, daß auch die Internet-Benutzer immer wieder eine Publikationsmöglichkeit auf Papier suchen.

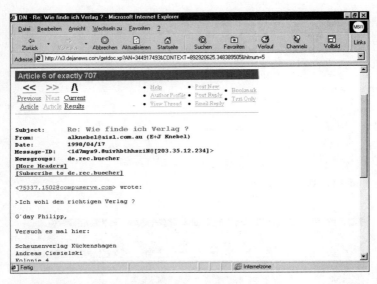

Bild 5.21: Hilfestellung im Netz

Sie brauchen nur eine Frage zu stellen, und schon erhalten Sie Hilfestellungen und Hinweise von den unterschiedlichsten Menschen. Zudem erhalten Sie ihre Unterstützung sehr viel schneller, als es jede andere Kommunikationsform möglich machen könnte. Auch die Zahl der Menschen, die an dieser Kommunikation beteiligt sind, ist erheblich größer als die Zahl der Personen, die man sonst zu solchen Themen befragen könnte.

Das folgende Bild zeigt, daß es auch in einer deutschen Literatur-Newsgroup innerhalb eines Tages Antwort und Hilfe gibt!

5.5 Die Stichwortsuche in DejaNews

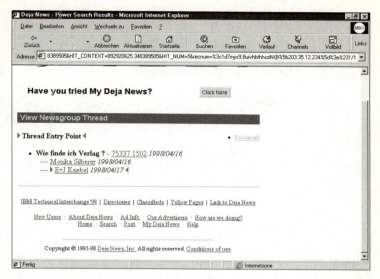

Bild 5.22: Eine komplette Diskussionsfolge

5.5 Die Stichwortsuche in DejaNews

Innerhalb von DejaNews können Sie auch in allen Newsgroups nach bestimmten Stichworten suchen. In der einfachen Form geben Sie nur ein Wort oder mehrere Begriffe in das Suchfeld ein und klicken dann auf die Schaltfläche FIND. Die Antwort erscheint dann schnell auf dem Bildschirm.

In unserem Fall werden Informationen über den deutschen Literaturpapst Marcel Reich-Ranicki gesucht. Die Eingabe des Begriffes führt zu einem positiven Ergebnis (siehe Bild 5.23).

Kapitel 5: Literatur in Newsgroups

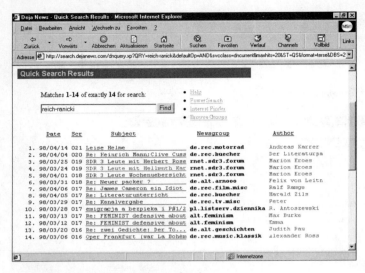

Bild 5.23: 14 Beiträge wurden gefunden

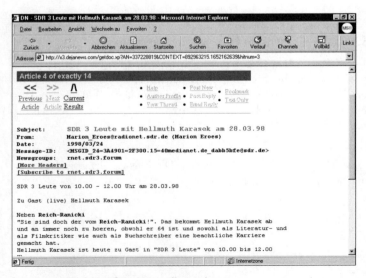

Bild 5.24: Werbung für eine Radiosendung

5.5 Die Stichwortsuche in DejaNews

Unter Punkt 4 können Sie sehen, daß Hellmuth Karasek zu Gast bei SDR 3 ist. Der Radiosender nutzt die Gelegenheit, im Internet für diese Sendung Werbung zu betreiben!

Aber was hat das mit Marcel Reich-Ranicki zu tun? Das Posting (siehe Bild 5.24) gibt Antwort: Der Name des bekennenden Literaturfreundes kommt innerhalb der Nachricht vor – und das wird von DejaNews erfaßt!

An oberster Stelle der Liste in Bild 5.23 finden Sie mit »Leise Helme« einen Beitrag aus dem Motorradbereich – wieso das? Die Lösung ist auch hier recht einfach. Der Schreiber hat als Fußnote ein Zitat von Marcel Reich-Ranicki notiert (siehe Bild 5.25), das von DejaNews erfaßt wurde.

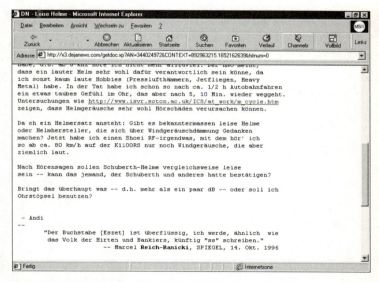

Bild 5.25: Zitat von Marcel Reich-Ranicki in einem Posting

6 Bibliotheken im Internet

6.1 Deutsche Bibliothek 106
6.2 The Library of Congress 116

Kapitel 6: Bibliotheken im Internet

Bibliotheken sind umfangreiche Sammlungen von Büchern, Zeitschriften und anderen Dokumenten. In ihnen kann jeder direkt vor Ort recherchieren und lesen. In manchen Fällen, beispielsweise öffentlichen Büchereien, kann man sich sogar Bücher oder anderes aus einer Bibliothek ausleihen.

Die Deutsche Bibliothek in Frankfurt umfaßt wohl jedes Buch, das in Deutschland seit 1913 veröffentlicht wurde, im Gegensatz zum VLB oder der Datenbank von Telebuch, die nur die »lieferbaren« Bücher enthalten.

Bei vielen Büchereien kann man inzwischen über das Internet feststellen, ob ein Buch überhaupt noch vorhanden ist. So braucht man sich nicht vergeblich auf den Weg zu einer Bibliothek zu machen.

Die Library of Congress gilt als die wichtigste und umfangreichste Sammlung der Welt. Inzwischen präsentieren sich aber auch eine Vielzahl von Stadtbüchereien im Internet.

6.1 Deutsche Bibliothek

Die Deutsche Bibliothek ist die zentrale Archivbibliothek und das nationalbibliographische Zentrum der Bundesrepublik Deutschland. Sie erfüllt die Funktion einer Nationalbibliothek.

Sie ist für das Sammeln, Erschließen und bibliographische Verzeichnen der deutschsprachigen Literatur ab 1913 zuständig. Im nationalen und internationalen Rahmen pflegt die Deutsche Bibliothek kooperative Außenbeziehungen. So ist sie unter anderem an der Entwicklung und Anwendung gemeinsamer Regeln und Normen beteiligt.

Ihre Adresse lautet: http://www.ddb.de

6.1 Deutsche Bibliothek

Bild 6.1: Die Homepage der Deutschen Bibliothek

Die Deutsche Bibliothek wurde 1990 in Zusammenhang mit der Wiedervereinigung Deutschlands aus den Vorgängereinrichtungen Deutsche Bücherei Leipzig (gegründet 1912) und Deutsche Bibliothek Frankfurt am Main (gegründet 1947), zu der seit 1970 das Deutsche Musikarchiv Berlin gehört, gegründet. Der Einigungsvertrag vom 23. September 1990 erlaubt beiden Häusern, gemeinsam die gesetzlich festgelegten Aufgaben fortzuführen.

Die Archivierung und Benutzung erfolgen an allen Standorten nach denselben Regeln; die Literaturbearbeitung geschieht strikt arbeitsteilig. Durch dieses Konzept wird an jedem Standort eine komplette Sammlung und ein optimaler Service angeboten.

Jedem Standort wurden darüber hinaus Schwerpunktfunktionen übertragen. Am traditionsreichen Standort Leipzig befindet sich das Zentrum für Bucherhaltung, das Deutsche Buch- und Schriftenmuseum, die Sammlung Exil-Literatur 1933-1945 und die Anne-Frank-Shoah-Bibliothek.

Die Deutsche Bibliothek Frankfurt am Main ist für die Entwicklung der Informations- und Kommunikationstechnik zuständig; dazu gehören auch der Aufbau und die Führung der zentralen Datenbank. Sie übernimmt die Produktion, das Marketing und den Vertrieb der nationalbibliographischen Dienstleistungen.

Das Deutsche Musikarchiv Berlin ist für die Bearbeitung und bibliographische Verzeichnung der Musikalien und Musiktonträger verantwortlich.

Am 1. Juli 1997 begann die Deutsche Bibliothek mit der Sammlung von Netzpublikationen. Sie reagierte damit auf die Anforderungen von Verlagen, Universitäten und anderen Bibliotheken, den Umgang mit dieser neuen Publikationsform zu regeln.

Eine gesetzliche Ablieferungspflicht besteht derzeit noch nicht. Die Sammlung und Archivierung der Netzpublikationen wird jedoch vom Beirat und Verwaltungsrat der Deutschen Bibliothek ausdrücklich gefordert und vom Verlegerausschuß des Börsenvereins des Deutschen Buchhandels unterstützt.

Die Bearbeitung der Netzpublikationen erfolgt zunächst einmal nur über die Deutsche Bibliothek Frankfurt am Main, da dort schwerpunktmäßig der gesamte DV-Bereich angesiedelt ist.

In den ersten Monaten wurden zunächst vor allem Dissertationen und Habilitationen sowie die Veröffentlichungen einiger freiwilliger Verlage gesammelt. Mit diesem ausgewählten Spektrum sollen Erfahrungen für die Flut aller übrigen Netzveröffentlichungen zusammengetragen werden, die auf die Deutsche Bibliothek zukommt.

6.1.1 Suche in der Deutschen Bibliothek

Sie können über das Internet in der Deutschen Bibliothek recherchieren. Dazu muß eine (technisch nicht ganz unkomplizierte) Verbindung zu den Großrechnern der Bibliothek hergestellt werden. Für den Benutzer ist dies aber ganz einfach zu handhaben.

6.1 Deutsche Bibliothek

Klicken Sie zuerst auf die Karteikarte ONLINE, um in den richtigen Bereich zu gelangen.

Bild 6.2: Der Weg zur Online-Recherche

Auf der rechten Seite werden Ihnen die Kataloge und sonstigen Dienste der Deutschen Bibliothek angezeigt, die aber zum Teil für den »normalen« Nutzer nicht interessant oder auch nicht zugänglich sind. Es stehen Ihnen zwei Online-Kataloge zur Verfügung. Klicken Sie auf OPAC DER DEUTSCHEN BIBLIOTHEK FRANKFURT AM MAIN, dann öffnet sich das Fenster aus Bild 6.3.

Über ein spezielles Gateway können Sie jetzt auf die Bestände der Deutschen Bibliothek zugreifen. Es wird eine Oberfläche genutzt, die international als Standard gelten soll.

Ein Mausklick auf den Link ZUGRIFF ÜBER DAS WEB-Z39.50 GATEWAY öffnet das Fenster aus Bild 6.4.

Kapitel 6: Bibliotheken im Internet

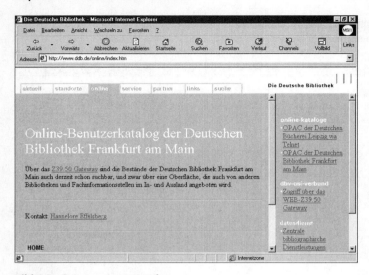

Bild 6.3: Gateway zum Katalog

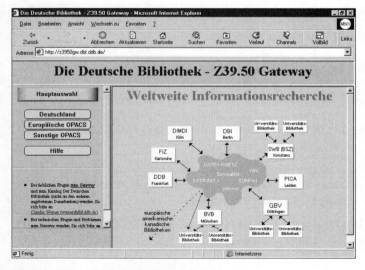

Bild 6.4: Weltweite Informationsrecherche

6.1 Deutsche Bibliothek

Hier existiert die Möglichkeit, weltweit zu recherchieren, wobei wir uns im folgenden allerdings auf DEUTSCHLAND beschränken, indem wir den entsprechenden Button auf der linken Seite anklicken.

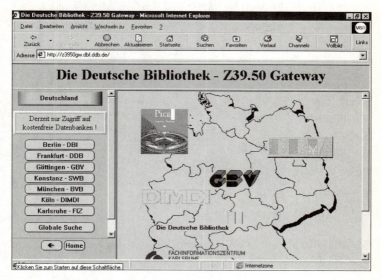

Bild 6.5: Zugriff auf kostenfreie Datenbanken

Zur Zeit haben Sie nur die Möglichkeit, auf die kostenlosen Datenbanken zuzugreifen. Sobald sich praktikable Wege des Micro-Payments durchgesetzt haben, werden sicherlich auch kostenpflichtige Daten abrufbar sein.

Für unsere Beispielrecherche benutzen wir die Bestände in Frankfurt. Ein Klick auf die Schaltfläche FRANKFURT - DDB bringt uns zum Ziel, der Katalogdatenbank ILTIS (siehe Bild 6.6).

Der Name ILTIS klingt vielleicht etwas eigentümlich, aber mit diesem Formular können Sie tatsächlich recherchieren, welche Werke von welchem Autor in den Beständen der Bibliothek vorhanden sind.

Kapitel 6: Bibliotheken im Internet

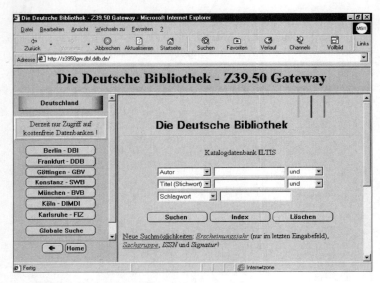

Bild 6.6: Die Katalogdatenbank ILTIS

Bei der Eingabe von Suchworten in ILTIS sollten Sie allerdings ein paar Spielregeln beachten:

- Beim Autorennamen muß erst der Nachname, dann nach einem Komma der Vorname eingegeben werden. Hierbei können keine Wildcards (»*« oder »?«) eingegeben werden.

- Bei der Stichwortsuche können Sie das Fragezeichen als Wildcard verwenden, wenn Sie nur Teile eines Stichwortes eingeben. Die Eingabe von Biblio? liefert zum Beispiel Ergebnisse mit den Titelstichwörtern Bibliothek, Bibliotheken, Bibliographie.

- Umlaute müssen noch aufgelöst werden. Statt ä, ö, ü, ß usw. müssen Sie also (derzeit noch) ae, oe, ue, ss eingeben. Dies soll jedoch in absehbarer Zeit geändert werden.

- Die Groß- und Kleinschreibung wird nicht beachtet. Sinnvollerweise sollten Sie alles in Kleinschreibung eingeben, um Tippfehler bei der Dateneingabe zu umgehen.

6.1 Deutsche Bibliothek

Klicken Sie nach der Eingabe des Suchwortes auf SUCHEN, erhalten Sie sofort das Suchergebnis mit der Anzahl der Gesamttreffer angezeigt.

Hinweis: Sollten Sie versehentlich vergessen, die Onlineverbindung zu trennen, wird diese automatisch nach 10 Minuten ohne Aktivität Ihrerseits abgebrochen.

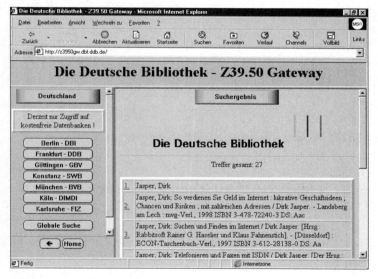

Bild 6.7: 27 Treffer wurden insgesamt erzielt

Ein Mausklick auf die Ziffer vor der Buchnennung (merkwürdigerweise nicht auf den Titel des Buches) führt sofort zu detaillierteren Angaben zum Buch (siehe Bild 6.8).

Sie brauchen also nicht mehr zur nächsten Bibliothek zu fahren, um bestimmte Titel ausfindig zu machen. Aktivieren Sie einfach Ihren Internet-Anschluß, um Ihre Buchrecherche in der Deutschen Bibliothek durchzuführen.

Kapitel 6: Bibliotheken im Internet

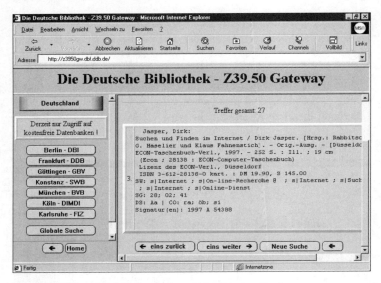

Bild 6.8: Weitere Angaben zu einem bestimmten Buch

6.1.2 Links der Deutschen Bibliothek

In vielen Fällen könnte es interessant sein, in anderen Bibliotheken ergänzende Informationen zu suchen oder in ausländischen Büchereien zu stöbern. Es werden sogar Spezialsammlungen zur Verfügung gestellt, die weitere Details zu verschiedenen Themen anbieten. So erhalten Sie über die Schaltfläche LINKS eine interessante und gepflegte aktuelle Link-Sammlung (Bild 6.9), die der Rechercheur bei seiner Suche benutzen kann.

6.1.3 Weitergehende Suche

Zu einer Vielzahl von Stichworten kann man sich nun noch zusätzliche Informationen anzeigen lassen. Dazu gibt es auf der Hauptseite die Karteikarte SUCHE. Dort findet man in alphabetischer Reihenfolge Informationen zu Spezialgebieten, Anschriften oder Ansprechpartnern (Bild 6.10).

6.1 Deutsche Bibliothek

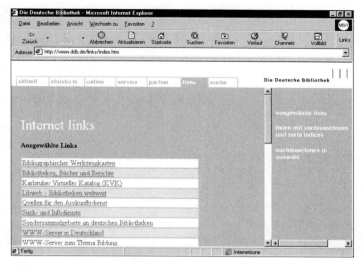

Bild 6.9: Link-Sammlung

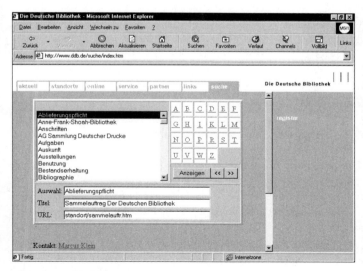

Bild 6.10: Hilfestellung

Kapitel 6: Bibliotheken im Internet

6.2 The Library of Congress

Die Library of Congress ist die wohl weltweit größte Sammlung von gedruckten Werken.

Ihre Adresse lautet: http://lcweb.loc.gov/

Inzwischen werden nicht nur Bücher, Zeitschriften und Dokumente gesammelt, sondern auch Fotografien, Filme und Tonträger, die die Geschichte der USA zum Inhalt haben.

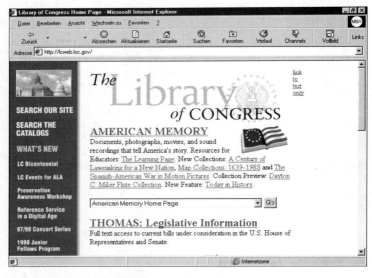

Bild 6.11: Homepage der Library of Congress

»The Library of Congress« bietet dem Nutzer auch Themenschwerpunkte an, wie beispielsweise »The Learning Page« für Lehrer. Zusätzlich werden die aktuellen, aber auch frühere Ausstellungen über die USA und ihre Geschichte sowie neue Sammlungen ausführlich präsentiert.

6.2 The Library of Congress

Die elektronische Umsetzung der Bibliothek für das Internet wurde von der Regierung unter Bill Clinton sehr stark unterstützt. Einen Teil der umfangreichen Informationen kann man deshalb schon über das Internet abrufen.

Ein Mausklick auf der Homepage auf den Link SEARCH THE CATALOGS führt zur Recherche innerhalb der Katalogbestände der Bibliothek.

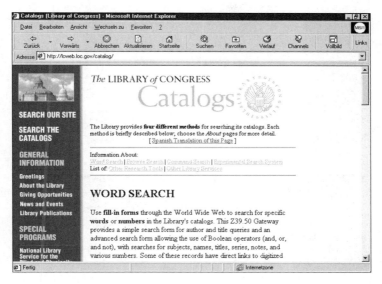

Bild 6.12: Suchseite der Bibliothek

Die Datenbestände können Sie unter Verwendung von verschiedenen Methoden – wie in guten Rechercheprogrammen üblich – durchsuchen. Wir benutzen im Folgenden den Link BROWSE SEARCH, mit dem man mit Hilfe von Suchworten u.a. nach einem Autor, einem Thema oder nach einer ISBN-Nummer suchen kann.

Mit Hilfe weiter angebotener Such-Tools kann man sogar blinden und körperlich behinderten Personen die Recherche erleichtern oder sogar überhaupt erst ermöglichen.

Kapitel 6: Bibliotheken im Internet

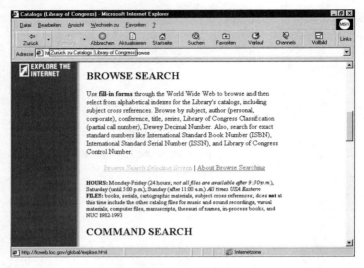

Bild 6.13: Erst die Information, dann die Suche

Bild 6.14: Die Auswahl eines Katalogs

6.2 The Library of Congress

Bevor Sie mit der eigentlichen Recherche beginnen, erhalten Sie erst einmal ausführliche Informationen zum Browse Searching (siehe Bild 6.13). Klicken Sie danach auf den Link BROWSE SEARCH SELECTION SCREEN, dann erhalten Sie eine Katalogauswahl (siehe Bild 6.14).

Nun müssen Sie sich noch für einen der angebotenen Kataloge entscheiden. Klicken Sie auf den gewünschten Link, in dem Sie suchen wollen. In unserem Beispiel haben wir BOOKS CATALOGED SINCE 1975 ausgewählt.

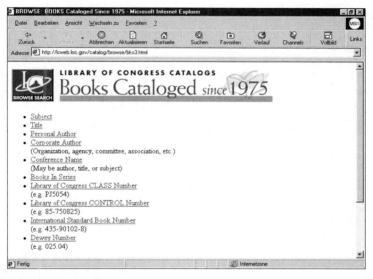

Bild 6.15: Wonach wollen Sie jetzt suchen?

Nun werden Ihnen alle Möglichkeiten – und dies sind wirklich äußerst viele – aufgelistet, aufgrund welcher Kriterien Sie in diesem Katalog suchen können. Wir entscheiden uns hier für die Suche nach einem Autor (PERSONAL AUTHOR) und klicken auf den entsprechenden Link.

Jetzt können Sie endlich ein Suchwort eingeben und die Suche mit BROWSE starten (siehe Bild 6.16).

Kapitel 6: Bibliotheken im Internet

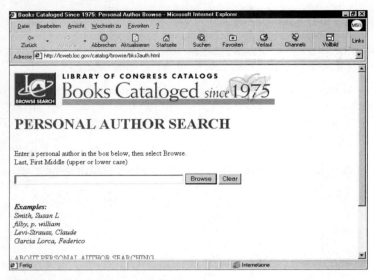

Bild 6.16: Geben Sie den gesuchten Autor ein

7 Literaturadressen

7.1	Literaturadressen über Web.de	122
7.2	Ansprechende Seiten	133
7.3	Weitere interessante Adressen	138

Kapitel 7: Literaturadressen

Eine Vielzahl von Bibliotheken, aber auch viele andere Adressen für Literaturinteressierte sind im Internet bereits erreichbar. So kann man in riesigen Beständen recherchieren oder Informationen sammeln.

Derzeit sind die Möglichkeiten der Recherche schon recht gut, aber man kann zum Beispiel bisher noch nicht in einer Bibliothek ein Buch reservieren. Es wird aber nur noch eine Frage der Zeit sein, bis Sie auch dies tun und die Ausleihgebühren per Micro-Payment bezahlen können.

7.1 Literaturadressen über Web.de

Die schnellste Möglichkeit, eine Vielzahl von Literaturadressen und Bibliotheken auf einen Blick zu erhalten, bietet Web.de.

Adresse: http://www.web.de

Bild 7.1: Auswahl eines Themengebietes mit Rubrik in Web.de

7.1 Literaturadressen über Web.de

Dieser wohl größte deutsche Internet-Katalog bietet direkt auf seiner Leitseite in dem Bereich WISSENSCHAFT unter dem Link BIBLIOTHEKEN mit 139 geprüften Einträgen eine äußerst umfangreiche Link-Sammlung zu Internet-Seiten an, die sich in irgendeiner Form mit der Sammlung von Büchern und Dokumenten befassen. Ein Mausklick auf BIBLIOTHEKEN in der Rubrik WISSENSCHAFT führt also zur folgenden Seite.

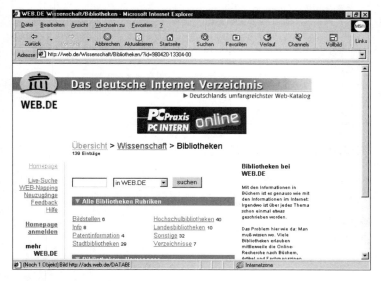

Bild 7.2: Rubrik »Bibliotheken«

Unter der Rubrik »Bibliotheken« verstecken sich eine ganze Anzahl interessanter Adressen. Sehen Sie sich die einzelnen Unterbereiche doch einfach einmal in aller Ruhe an.

7.1.1 Bildstellen

Die Bildstellen der Länder und Kreise verfügen über gigantische Bestände an Materialien in Form von Büchern, Bildträgern und Tonträgern, die meist Lehrern und Schulen zugänglich gemacht werden,

Kapitel 7: Literaturadressen

oft aber auch von interessierten Privatpersonen in Anspruch genommen werden können. Die ersten Kreisbildstellen sind dabei bereits im Internet vertreten, und weitere Stellen werden mit großer Sicherheit bald folgen.

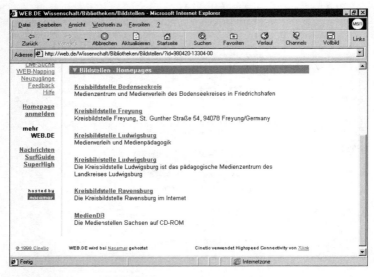

Bild 7.3: Der Bereich »Bildstellen«

7.1.2 Info

Unter dem äußerst schlichten Stichwort »Info« verbergen sich eine Reihe von hochinteressanten Linksammlungen sowie wichtige Pressemitteilungen oder andere Informationen. Hier sollte man sich ruhig einmal etwas Zeit nehmen und in aller Ruhe in den Links herumstöbern!

7.1 Literaturadressen über Web.de

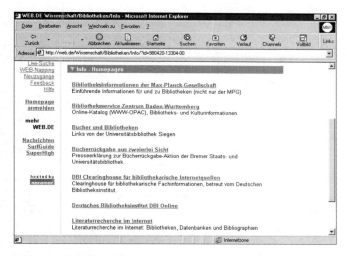

Bild 7.4: Die Info-Homepages

7.1.3 Patentinformationen

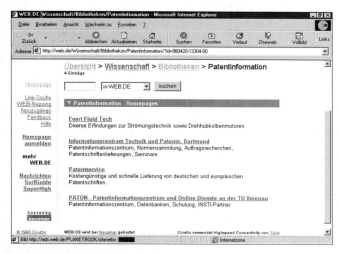

Bild 7.5: Die Patentinformationen-Homepages

Kapitel 7: Literaturadressen

Der Bereich PATENTINFORMATION bietet für Menschen, die sich für Erfindungen, Patentanmeldungen oder Normensammlungen interessieren, eine Vielzahl sinnvoller Informationen an (siehe Bild 7.5).

7.1.4 Stadtbibliotheken

Vor rund einem Jahr waren solche und ähnliche Rubriken noch rar gesät, aber mittlerweile kann man schon über so manche Stadtbibliothek recherchieren. Teilweise sind die Homepages sehr interessant und informativ, aber es gibt auch noch so manche Baustelle.

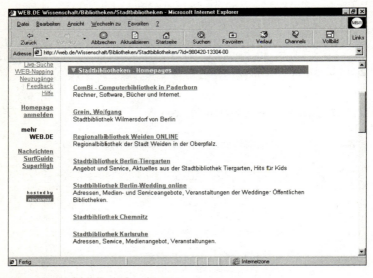

Bild 7.6: Stadtbibliotheken im Netz

Die Stadtbibliothek von Chemnitz bietet nicht nur ein attraktives Design, sondern auch ein umfangreiches Informationsangebot. Dieser Internet-Auftritt ist insgesamt sehr positiv zu bewerten.

7.1 Literaturadressen über Web.de

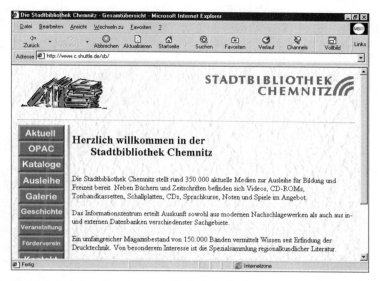

Bild 7.7: Das Angebot der Stadtbibliothek Chemnitz

7.1.5 Hochschulbibliotheken

Viele Hochschulen und Hochschulbibliotheken sind bereits sehr lange mit ihren Seiten im Internet vertreten, wobei man aber leider feststellen muß, daß es dabei doch sehr große Qualitätsunterschiede gibt. Man merkt so mancher Seite an, ob Engagement die Motivation der Beteiligten war oder ob diese einfach nur im Netz vertreten sein wollten.

Im Gegensatz zur FH Köln war zum Beispiel die Potsdamer FH sofort erreichbar. Die Übersicht dieser Homepage zeigt bereits, daß interessante Informationen angeboten werden und die »Spielerei« nicht im Mittelpunkt stand. Hier kann man z.B. über eine Datenbank Informationen abrufen, diverse Link-Zusammenstellungen nutzen oder sich über die Praktika an der Fachhochschule informieren.

Kapitel 7: Literaturadressen

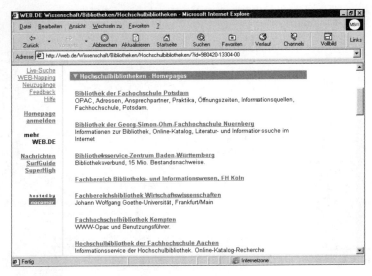

Bild 7.8: Verschiedene Hochschulbibliotheken

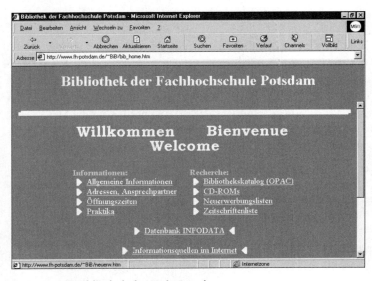

Bild 7.9: Die Bibliothek der FH in Potsdam

7.1 Literaturadressen über Web.de

7.1.6 Landesbibliotheken

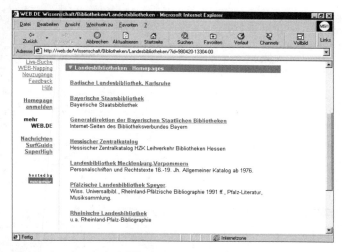

Bild 7.10: Die Landesbibliotheken-Homepages

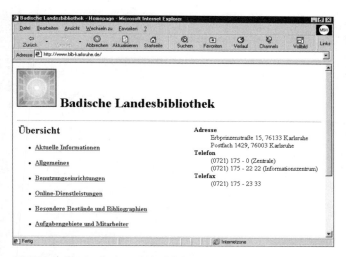

Bild 7.11: Die Badische Landesbibliothek

Kapitel 7: Literaturadressen

Eine ganze Reihe von den Landesbibliotheken der Bundesländer haben bereits den Weg ins Internet gefunden. So hat man je nach Wohnort direkt die Möglichkeit, genau in den Bibliotheken zu recherchieren, die auch in kurzer Zeit per Auto erreichbar sind.

7.1.7 Sonstige

Normalerweise bieten die Seiten der Rubrik »Sonstiges« weniger interessante Informationen. Hier hingegen finden Sie auf dieser Seite die besten Links.

Dieser Bereich stellt eine bemerkenswerte Fundgrube verschiedener Spezialgebiete dar, beispielsweise zu Themen der Frauenbewegung oder zu den Allgemeinen Bibliotheken der GGG.

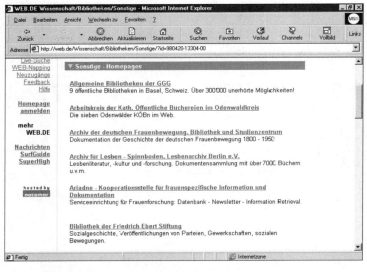

Bild 7.12: Eine wirklich recht interessante Seite!

7.1 Literaturadressen über Web.de

Auch die Bibliotheken von Stiftungen, beispielsweise die der Friedrich-Ebert-Stiftung, kann man hier finden. Auch dies ist eine äußerst interessant gestaltete Seite.

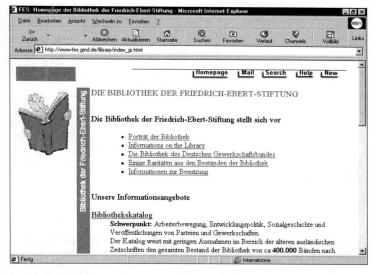

Bild 7.13: Die Homepage der Friedrich-Ebert-Stiftung

7.1.8 Verzeichnisse

Wem die bisher aufgezeigten Möglichkeiten noch immer nicht ausreichend erscheinen, der kann unter dem Link VERZEICHNISSE ungeheure Schätze entdecken. Dort werden wissenschaftliche Aufsätze über die Internetrecherche ebenso angeboten wie private, kommentierte Link-Listen.

Kapitel 7: Literaturadressen

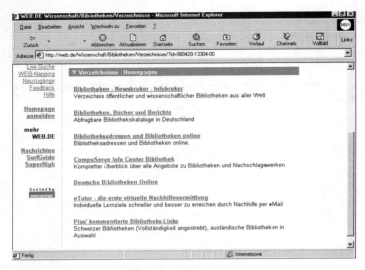

Bild 7.14: Die Verzeichnisse-Homepages

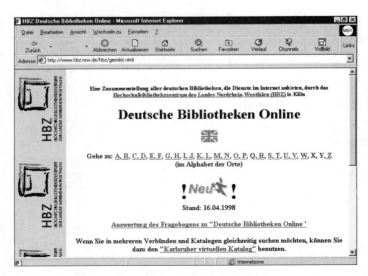

Bild 7.15: Deutsche Bibliotheken alphabetisch geordnet

Das Hochschulbibliothekszentrum des Landes Nordrhein-Westfalen hat eine anscheinend vollständige Liste aller deutschen Bibliotheken erstellt, die Dienste im Internet anbieten (siehe Bild 7.15).

Zusätzlich wird auch noch das Ergebnis einer Fragebogenaktion zu »Deutsche Bibliotheken Online« angeboten, was für Interessierte sicherlich einen Klick wert sein dürfte. Mit dem Link KARLSRUHER VIRTUELLER KATALOG kann man in mehreren Verbünden und Katalogen gleichzeitig suchen.

7.2 Ansprechende Seiten

Wer deutschsprachige oder auch andere Suchmaschinen benutzt, findet mit den Stichwörtern `buch`, `literatur`, `lyrik`, `gedichte` oder `schreiben` insbesondere in beliebigen Kombinationen noch viel mehr hervorragende Internet-Angebote. Einige dieser Angebote wollen wir im folgenden noch vorstellen.

Bild 7.16: THE INTERNET BOOKSHOP

Kapitel 7: Literaturadressen

Typisch amerikanisch erscheint die Seite THE INTERNET BOOK SHOP (siehe Bild 7.16). Das Angebot ähnelt sehr stark dem von Amazon, ist aber vom Inhalt her stärker auf Europa und insbesondere Großbritannien ausgerichtet (Adresse: http://www.bookshop.co.uk).

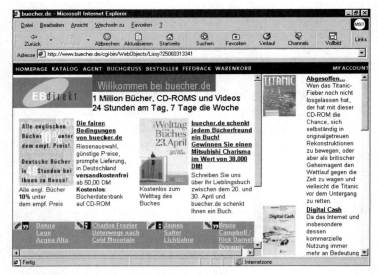

Bild 7.17: Die Homepage von »buecher.de«

Die Seite BUECHER.DE ist ebenfalls an den großen US-Internet-Buchhandlungen ausgerichtet, wirkt aber bei weitem nicht so spartanisch wie zum Beispiel die Seiten des Börsenvereins oder anderer Mitbewerber.

7.2 Ansprechende Seiten

Bild 7.18: Lehmanns Online Bookshop

Bild 7.19: Friedrich Hölderlin im Internet

Kapitel 7: Literaturadressen

Die neben Telebuch.de und Buecher.de dritte große deutsche Online-Buchhandlung, LEHMANNS ONLINE BOOKSHOP, (siehe Bild 7.18) bietet auf den ersten Blick eine recht spartanische Seite, doch erstaunlicherweise verbergen sich dahinter dann doch umfangreiche Recherchemöglichkeiten (Adresse: http://www.lob.de).

Wie Sie in Bild 7.19 sehen können, haben große Dichter und Denker auch im Internet Konjunktur. Fans, Verehrer oder Hochschulen widmen ihnen recht umfangreiche und gut gestaltete Homepages.

Einer dieser Dichter und Denker ist auch Friedrich Hölderlin, der unter http://www.uni-tuebingen.de/uni/nds/hoelder/index.html zu erreichen ist. Von den Primärtexten über die Hölderlin-Gesellschaft bis zum Hölderlin-Turm ist dort alles vorhanden.

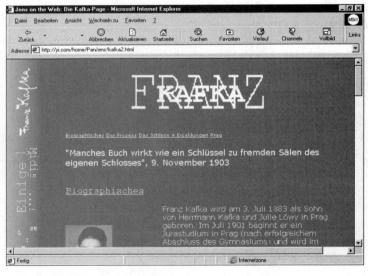

Bild 7.20: Die Franz Kafka-Seite

Informationen, Bilder und Volltexte von und über Franz Kafka gibt es unter der Adresse http://yi.com/home/PanJens/kafka2.html, und zwar in einer grafisch wie inhaltlich höchst ansprechenden Art und Weise.

7.2 Ansprechende Seiten

Bild 7.21: Stephen King im Internet

Stephen King, der König des Horrors, darf im Internet natürlich auch nicht fehlen. Ein deutschsprachiges Forum mit aktuellen Informationen, Übersichten über Bücher, Filme, einem Message-Board, einem Gästebuch, einem Flohmarkt und vielem mehr findet man unter der Adresse http://members.tripod.com/~bernhoerster/.

Eugen Bertold Friedrich Brecht wurde am 10.2.1898 in Augsburg geboren. In einem gemeinsamen Projekt der Fachhochschule Augsburg und dem Kulturbüro der Stadt Augsburg stellen Ihnen Studenten des Fachbereichs Informatik das Augsburger Literaturfestival und Bertolt Brecht vor. Hut ab vor diesem Angebot! Die Adresse lautet: http://brecht.informatik.fh-augsburg.de/.

Kapitel 7: Literaturadressen

Bild 7.22: 100 Jahre Bertold Brecht

7.3 Weitere interessante Adressen

In den beiden folgenden Tabellen finden Sie weitere interessante nationale und internationale Adressen von Online-Buchhandlungen.

Adresse	Beschreibung
www.boulevard.de	Zur Eröffnung dieser Online-Buchhandlung waren alle Buchbestellungen innerhalb Deutschlands versandkostenfrei.
www.buchkatalog.de	Bietet eine Vielzahl multimedialer Darstellungen, wie Cover-Abbildungen und Leseproben, sowie komfortable Suchfunktionen; der Grossist KNO liefert nur über die angeschlossenen Buchhändler aus; enthält 290.000 Titel aus 3.000 Verlagen.

7.3 Weitere interessante Adressen

Adresse	Beschreibung
www.buecher.de	Die Metro-Tochter liefert versandkostenfrei.
www.buecherwurm.de	Zusätzlich gibt es hier Diskussionsforen und einen Chatraum.
www.dlf.de/literatur	Hier gibt es unter anderem auch Hörproben, bevor Sie sich zum Kauf entschließen.
www.edv-buchversand.de	Hier haben Sie die Auswahl zwischen 5.000 Computerbüchern mit Klappentexten und Inhaltsangaben.
www.hoerbuch.de	Auf dieser Seite erhalten Sie vor dem Bestellen Hörproben, damit Sie Lust auf mehr bekommen.
www.libri.de	Der Grossist Libri liefert die Bestellungen sowohl direkt als auch über die angeschlossenen Buchhändler aus.
www.mountmedia.de	Ausgeliefert wird über angeschlossene Buchhandlungen; zusätzlich gibt es die Möglichkeit zum Live-Chat.
www.pergamon.de	Bietet insgesamt 200.000 Titel an, von denen zum Teil auch Inhaltsangaben vorliegen.
www.pronetnation.com/~parkver/hammett	Hier findet man Seiten für Krimispezialisten mit Neuerscheinungen und englischen Originalen.

Tabelle 7.1: Adressen nationaler Online-Buchhandlungen

Kapitel 7: Literaturadressen

Adresse	Beschreibung
www.barnesandnoble.com	Hier kann man ab und zu mit Autoren chatten. Zudem werden Rabatte und ein Geschenkservice angeboten.
www.books.com	4 Millionen Bücher sollen zum Versand bereitliegen; zudem stehen Diskussionsforen bereit.
www.bookshop.co.uk	Angeblich gibt es hier Bestseller ohne Ende, 20 % unter dem Ladenpreis.
www.booksonline.com	Hier gibt es demnächst das internationale Buchangebot von Bertelsmann.
www.borders.com	Die Borders Group ist eine große Verlagsgesellschaft, die in der nächsten Zeit in das Online-Buchgeschäft einsteigen will.

Tabelle 7.2: Adressen internationaler Online-Buchhandlungen

Nachbemerkung

Wenn Sie jetzt immer noch mehr Literarisches suchen, dann hilft der Weg über die Suchmaschinen und Internet-Kataloge auf jeden Fall weiter. Sie sollten dieses Buch nur als Anregung benutzen, um sich durch das Internet auf die literarischen Seiten leiten und zum Lesen verführen zu lassen. Den Anspruch auf Vollständigkeit kann kein Buch dieser Welt erfüllen – noch nicht einmal die Suchmaschinen und Kataloge. Deshalb: Viel Spaß und Erfolg im Internet und beim Lesen!

Index

A

Aktuelles in Telebuch 49
AltaVista 22; 26
Altersgruppe 70
Amazon 42; 64
    Altersgruppen 70
    Bestseller 72
    Datenbank 66
    Einkaufskorb 74
    E-Mails 74
    Leitseite 65
    Rubriken 65
    Sicherheit 81
    Sicherheits-Server 81
    suchen in 65
    Suchkriterien 65
America Online 17
AND 69
Anne-Frank-Shoah-Bibliothek 107
AOL 19
Apple 16
Archie 18
ARPA 13
ARPANET 14
Arts 86
Autorenprofil 90; 94
Award Winners 78

B

Bankeinzug 42
Bertold Brecht 138
Bestellmenge 79
Bestellung 51
Bestseller 72
Bestsellerliste 49
Bibliotheken 24; 106; 123
Bildstellen 123
BITNET 16
Börsenverein des Deutschen
    Buchhandels 32; 75; 108
Browse Searching 119
Browse Subjects 71
Buch
    bestellen 36
    suchen 34
Buch der Woche 49
Buchempfehlungen 45; 74
Bücher für Kinder 76
Buchhandlung auswählen 37
Buchjournal 36
Buchkritik 56
Buecher.de 134

C

CERN 17
Changed Quantities 79
CISNET 16
Commodore 16
CompuServe 17
Cyberspace 12

D

DARPA Internet 16
Datenbank, kostenlose 111
Daten-Highway 19
Datenpakete 13
DejaNews 22; 29; 85
    regionale Gruppen 97
Department Of Defense 13
Deutsche Bibliothek 106
    Links 114
    Suche in 108

Index

Deutsche Bibliothek Frankfurt 107
Deutsche Bibliotheken Online 133
Deutsche Bücherei Leipzig 107
Deutsches Buch- und
    Schriftenmuseum 107
Deutsches Musikarchiv Berlin 107
Digital Equipment 26
Direkt bestellen 52
Diskussionsgruppen 84
DVD-Videos 71

E

EFF 19
Einkaufskorb 36; 74
Einkaufswagen 79
E-Mail 14; 91

F

Fireball 22
Friedenspreis des Deutschen
    Buchhandels 78
Friedrich-Ebert-Stiftung 131

G

Gates, Bill 20
Gateway 109
Gedichte 88
germany.net 19
Geschäftsbedingungen 45
Gibson, William 12
Gopher 18
Groß- und Kleinschreibung 112

H

Heidersberger, Benjamin 20
Hochgeschwindigkeitsnetz 19
Hochschulbibliotheken 127
Hochschulbibliothekszentrum des
    Landes Nordrhein-Westfalen ... 133
Homepage des VLB 32

http://
    altavista.digital.com 25
    brecht.informatik.fh-augs-
        burg.de/ 137
    lcweb.loc.gov/ 116
    members.tripos.com/
        ~bernhoerster/ 137
    www.amazon.com 64
    www.bookshop.co.uk 133
    www.buchhandel.de 32
    www.ddb.de 106
    www.dejanews.com 27; 84
    www.fireball.de 22
    www.lob.de 136
    www.telebuch.de 42
    www.uni-tuebingen.de/uni/
        nds/hoelder/index.html 136
    www.web.de 24; 122
    yi.com/home/PanJens/kaf-
        ka2.html 136
Hug, Edmund 20

I

ILTIS 111
Impressum 45; 51
International Standard Book
    Number 68
Internet 12; 16; 20
Internet 2 18
Internet Protocol 15
Internet-Kataloge 21
ISBN-Nummer 68
ISDN-Anschluß 19

J

Junk 91

K

Karasek, Hellmuth 103
Katalogdatenbank ILTIS 111
Kataloge 24; 119
Keyword 65
Kids 76

Index

Kommunikationsnetz 13
Komplexe Suche 34
Kreditkarte 42
Kreisbildstellen 124
Kundenkonto 53

L

Landesbibliotheken 130
Lehmanns Online Bookshop 136
Leitseite; SSL-Version 44
Library of Congress 106; 116
Lieferbedingungen 45
Lieferfristen 56
Lieferkonditionen 58
Links der Deutschen Bibliothek 114
Literatur im Internet 85
Literaturpreise 78

M

MCI Mail 17
Merchandising 75
Micro-Payment 111
MILNET 16
MIT 13
MSN 19

N

NASA 17
National Institute Of Health 17
National Science Foundation Network 16
Nationalbibliothek 106
NCP 15
Network Control Protocol 15
Netzpublikationen 108
Newsgroups 28; 84
   deutsche 97
   Diskussionsfolge 96
   lesen 88
   literarische 98
   nach Stichworten suchen 101
   regionale 97
   suchen in 85

Nobelpreis 78
NOT 69
NSFNET 16

O

Online-Datenbank 55
Online-Dienste 19
Online-Kataloge 109
Online-Shopping 24
Oprah-Buchclub 65
OR 68

P

Personal Author 119
Personal Computer 16
Phrasen 22
Post 86
Post Reply 91
Power Search 69
Preisbindung 64
Preisgrenzen 55
Progidy 17
Protokolle 15

Q

Quick Search 66

R

Rand Corporation 12
Re 94
rec 86
Recherche, *siehe* Suche 34
Registrierung 91
Reich-Ranicki, Marcel 90; 101
Remote-Computing 14
Remote-Control 14
Reviewed in the Media 76
Rezensionen 76

Index

S

Sammlung Exil-Literatur
   1933 - 1945 107
Schnelle Suche 34
Schreibweisen 65
Schwarze Bretter 84
Service 48
Sicherheit, Details 43
Sicherheitsstandards 43; 80
Sonstiges 130
Spam 91
Spiegel 49
SSL-System 42
Stadtbibliothek 126
Standardauflösung 43
Stichwörte suchen 101
Stornierungen 47
Suche
   in Amazon 65
   in der Deutschen Bibliothek 108
   in Newsgroups 85
   komplexe 34
   nach Stichwörtern 34; 85
   schnelle 34
   weitergehende 114
Suchmaschinen 18; 21
Suchworte, Eingabe 112

T

TCP/IP 14
Telebuch 42; 80; 106
   Bestellung 47; 51
   FAQs 48
   Impressum 51
   Kontaktadressen 48
   Kundenkonto 53
   Leitseite 43
   Lieferbedingungen 46
   Lieferungen ins Ausland 47
   Online-Datenbank 55
   Suchmaske 55
The Internet Book Shop 134
Themenübersicht 100

Titel
   bestellen 36
   markieren 36
Titel-Vormerkung 36
Toleranz 96
T-Online 19; 80
Top-10-Liste 49
Top-Level-Gruppe 86
Transmission Control Protocol 15

U

UCLA 13
Umlaute 112
USENET 16
UUCP 16

V

Veröffentlichungszeitraum 69
Versandkosten 43; 46
Verzeichnis lieferbarer Bücher 32
View Thread 91; 96
VLB 32; 106
   auf CD-ROM 32
   Homepage 32
Vorschlagslisten 74

W

WAIS 18
Web.de 22
Werbung 21; 91
Wildcards 112
Wired World 12
Wissenschaft 123
World Wide Web 17

Z

Z39.50 Gateway 109
Zahlungsmodalitäten 39
Zentrum für Bucherhaltung 107
Zitate 94